人生問答集3

解決できない問題はない

谷口清超

日本教文社

はしがき

かつて平成七年二月に『もっと自由な世界がある』という本を出し、平成十年十二月には『無駄なものは一つもない』という書物を出版させてもらったが、本書は、これらの「人生問答集」と同じ様な〝質疑応答〟をまとめた第三集目である。

〝質疑応答〟の場所は、全国各地の特別練成会や団体参拝練成会に出講した時の会場内で、大抵一時間くらいの間に、手をあげてもらってこちらで指名して行った。従って問答の内容は多種多様だが、なるべく会場の臨場感を出すために、私が反復して聞き返したりした所や、笑い声の起った箇所などもそのまま残してある。しかし一人当たりの時間的な制約は何もなかったから、かなり長い質問もあったので、私の回答と共に一部省略したり、短文に改めたりした所も沢山ある。

小見出しなどは、後で編集部の方々がつけて下さったもので、（）の中は、参考のために私が書き加えた箇所だ。かなり昔の問答も入っているが、最近の地球温暖化の問題や、少子化現象などについても述べてある。いつも会場では、「体験発表ではないのですよ」と注意しているが、前半にそんなのが入ることもあるし、私が単独で答えられない所は、総務さんや教化部長さんなどに聞いたりして、それものせてある。何しろ本部方針や、教区への支援の問題なども出てくると、即答できないからだ。

日常生活や家庭問題など、何でもよろしいよと言うのだが、そのようなものも出てくるし、順序はマチマチで、内容は統一されていない。以前編集部で統一してくれたこともあったが、そうすると、同じような内容が重なって、かえって読みづらく、たいくつして放り出されると困るので、自然のままの成り行きに改めたのであった。

そのため、言いちがいや、方言なども入ってくるが、やはり自然のままとか「そのまま」というのが面白いようである。国会での政治家の質問や答弁なんかを聞いていても、事前に質問内容をきめたり、答弁内容を作成したりしたものは、つまらなくて、物足らないものだ。ところが首相クラスになると、言葉の一部でも取り上げて、毎日のニュースや紙面で、「天皇中心の神の国」発言などと報ぜられると、それ以外の内容が消え去って、首相も大変お困りだろうし、聞いている国民も、その繰り返される言葉に動かされてしまうものである。

何しろ「コトバの力」は絶大であって、それが現象世界を作り上げて行くからだ。憲法も条約も、何もかもコトバで出来ているから、人間の運命も、国家の運命も、どのようなコトバを多発するかにかかっていると言えるのである。

そのような訳で、本書の中にも、質疑の中に他の宗教団体の名前が出てくる所は、〇〇〇というような伏せ字にして、なるべく先方に迷惑がかからないようにした。質問者の名前も、アルファベットに変えて匿名にしたのも、同じ主旨だからご承知いただきたいと思う。かつ又この「人生問答集」にご参加頂いた全ての関係者に、心から感謝申し上げる次第である。

平成十二年七月一日

谷口清超しるす

解決できない問題はない——目次

人生問答集3

はしがき

解決できない問題はない

人生問答集3

1　本物を自覚する

●『甘露の法雨』を読むと腰がピクピクする

K（女）　私が『甘露の法雨』を仏様に誦げておりましたら、必ず腰がピクピクとしゃくるんです。

清超　腰ってどの辺ですか？

K　丁度背中の辺です。そして時々家がカーンというか、ピーンというか澄み切ったような音がして、気持ちが悪いものですから、隣の先生に話したことがあるんです。そしたら

「気持ちが悪いことやね。どうしたんかな」って言われました。

清超　「気持ちがいい」と思えばいいじゃない？　そのカーン、ピーン、シャーンという音を。

K　何となく澄み切った音なんです。

清超　いいじゃないですか、澄み切った音。

K　仏様の前で『甘露の法雨』を誦げて拝みまして、「有難うございました」って言うと、必ずピクピク背中がしゃくるんです。

清超　あなたと同じようにその音を聞いたって人はいるの？

K　いつも一人で仏様を拝むんです。

清超　御主人はいらっしゃるんですか？

K　はい。

清超　御主人と一緒にやってごらんなさいな。

K　主人が宗教が嫌いで、私が「生長の家」と言ったらもう……今、前立腺で手術をしまして、こちらにも祈願を出してるんです。

清超　前立腺で？

K　はい。癌です。それで祈願もしてもらってるんですけど、「いらんことをするな」って叱られてるんです。

清超　「一遍試しに〝ピン、カーン〟の所だけ聞いてみて」って言ったらどうですか。

K　私がそう言えば「ばかばっかり言う」と言って……

清超　御主人がそんなに嫌うはずないんですけどねぇ、あなたみたいな優しい奥さんを。優しいんでしょう？

K　みかけばかりかも知れません。(笑)

清超　優しくしてあげてごらんなさい。御主人に優しくして、愛深く、御主人のいい所をみて。御主人は何の仕事をしてらっしゃるの。

K　家で食堂をしています。

清超　そりゃあ、仲良くするに限るよ。

K　九年前にこちらに来まして、それまで私は病気ばかりで日に二回は病院通いをしてました。そしたら、夜寝ていましたら不思議な声を聞いたんです。

「強くなれ、清くなれ、美しくなれ」という声を頭から叩き込まれたような感じがしたんです。ここ続けて八年、総本山にお礼参りに来てますが、その間に二度だけ風邪をひいてお医者に行きました。先生から「あんたどこかお医者変わったんか」と言われる程元気になっております。

清超　それはいいねぇ。

K　はい、有難うございます。（拍手）

清超　御主人のいい所はいっぱいあるはずだよ。総本山へ来られた時は、御主人もいらしたんですか？

K　私一人です。

清超　「一人では寂しいからあなたも一緒にやりましょう」って言ってやりなさいよ。そのうち言うことを聞いてくれます。あなたが御主人の言うことをよく聞いたら、御主人もあなたの言うことくらい、すぐ聞いてくれます。

K　それまで家の中は喧嘩ばかりしてましたが、こちらから帰りまして「お父さん、私が悪うございました。有難うございます」と言ってます。朝は「お父さん、おはようございます」って言って、嫁さんにも「おはようございます」と言って先に挨拶します。今では家中で「おはようございます」と拝み合いをしています。

清超　それはいいですね（拍手）。今度団参から帰ったら、飛びついて行きなさい（笑）。そうですか、そりゃあんたカーン、キーンくらい構わんよ。（笑）

K　不思議です。澄みきった音なんです。

清超　まあそんなこともありますよ。腰の辺っていうのは、やっぱり神経的にもそういう反応が出て来ることがあるから恐れたらいけません。ちーと背中が曲がりすぎてるんじゃないの？

K　はい、曲がってます。

清超　なるべく良い姿勢で、モデルさんみたいに、背中を伸ばすようにして、洋服もちょっと洒落たのを着たりなんかして、『甘露の法雨』を読んで、明るくやってください。

●堕胎をした妹に伝道したいが

M（男）こんな大勢の前で話すことかどうか分かりませんが、家族の事なんです。妹の事なんですが…… 妹はすごくしっかりしているんですが、つい最近前まで付き合ってた人と別れたらしいんです。その人から沢山電話があったんですが、何時からか無くなっていたんです。

ある日たまたま妹の部屋を掃除していたら、「友達と旅行に行って泊まって来る」と言ってた日付の産婦人科の診察券があったんです。つまり堕胎したような感じだったんです。父親は千葉の方に行ってまして、僕と妹と母親が千葉と自宅を行ったり来たりしてるんです。その産婦人科へ行った形跡のある日、母は千葉に行ってたんです。帰ってきて本人に聞いたら、「そんな事はないよ」って言ってたみたいなんですが、今迄線香なんてあげてなかったのが、珍しくその次の日から線香をあげて、チンチーンとやってたんです。

清超 妹さんがですか。

M　はい。珍しいこともあるんだなと思ってました。母親も気に掛けていたんです。僕たちも働いていますけど、一所懸命働いている父親には言えないっていうことで黙ってました。本当は母親が団参に来る予定だったんですが、そのことを黙ってたせいか、父親が狭心症みたいになってしまって、母は団参を急遽やめて千葉の方へ行って看病してます。

清超　お父さんが千葉にいて、お母さんは東京と千葉を行ったり来たりしているわけですね。妹さんは何歳ですか。

M　もう二十二歳です。

清超　まだ二十二歳、ということですね。

M　それで母親と兄として、どうしたらいいかをお聞きしようと思いました。

清超　お母さんは生長の家をやっておられる、あなたもやっておられる、そして妹さんは？

M　妹は高校の時に少しやってました。今は全然です。

清超　あなたは会社へ行ってるの？

M　はい。○○○○に勤めてます。

清超　○○○○（笑）、そうですか。もうちょっと妹さんにも普及しといたらよかったね

（笑）。妹さんも生長の家の家族に囲まれているし、それから堕胎したらいけないということも知っておられるでしょう。やっぱり人の命を殺すことですからね。しかも自分の子供になるという命ですから、それはいけません。二十二歳くらいだったらもう結婚もできるし、子供も育てられる。

M　上司だったみたいなんです。

清超　それは独身の上司なんですか？

M　そうです。

清超　それは幸いな事でした。

M　で、その方は飛ばされたかどうか分かりませんが、どっかに行っちゃって、今は元の彼氏というかすごく仲の良かった人とまた付き合いだしたんです。

清超　別の人とですか。その子供さんというのはその上司の子供なんですか。

M　じゃないかなと。そこらへんが分かんないんですけど。

清超　あなたに分からんことはこっちにも分からないから（笑）、ちゃんと妹さんに事情を聞いてあげて下さい。

M　僕はそっとしておいた方がいいかなと思う方なんですが、どうなんでしょう。

清超　誰かと一緒になりたいと言うならなった方がいいです。あなたがそっとしておきたいならそっとしておいてもいいです。一番大事なことは妹さんにしっかり生長の家の信仰をもってもらうことで、非常に良い機会ですからその方を勧めてあげて下さい。練成とか講習会とか或いは教化部へ「行こう行こう」と誘ってあげるといいです。すると将来は良くなっていきます。

堕胎をしているんでしょうから、そのご供養も真剣にやるようになるでしょう。御家族にも隠して、何か孤立した鎖国的な心境がそういう失敗の方へ導いて行った訳ですから。お母さんの生長の家はだいぶ古いんですか。

M　十何年やってます。

清超　お母さんはどう言ってるんですか。

M　「父親には言えないからどうしたらいいか、ああしたらいいか」って言ってました。

清超　「父親に言えない」って言う、そういうことはないんですよ。

M　そうですか。

清超　父親っていうのは娘の一生の問題については非常に関心を持ってるし、父だけ知らされないでいるということは、父親にとって決して幸福じゃありません。だから何でも相談したらいいんです。父が一番相談相手になります。母ももちろんそうだけど、そういう心の仕切りが取り払われた方がいいです。一家がお互いにそういう問題でも話し合って、どうしたらいいかということを皆で考えて、それを機会に父親さんも生長の家をもっと一所懸命にやって下さるようになる。お父さんはどこかに勤めていらっしゃるんですか。

M　はい。去年から会社の寮の管理人をしてます。会社員だったんですが、その会社のオフィス勤めから転属みたいになったんです。

清超　それは家庭の事を考えるのにも都合のいい立場です。お父さんだけほっとくというのは悪いと思いますよ。率直に話し合うようなチャンスにしたほうがよろしいですね。

M　どうもありがとうございました。

●環境問題について

U（女）　私は環境問題について質問がございます。先生のお話でも最後の方にオゾン層の事とリサイクルの話が出たと思いますが、これまでにないほど環境問題が世界中で騒がれていると思います。関心が一部では盛り上がっていても、一般の人には大変薄い問題だと思うんです。私はこのままの関心度が続いていけば、今生きている私達は良くても、今後地球が滅亡の危機に瀕するくらい危ない時期に来ていると思っています。

生長の家ではこの教えを広めることによって、宇宙浄化の実現を目指しているということで、生長の家では目に見えているもの、「物質は本当はない」というふうに説いていらっしゃいますが、私自身も環境問題について真剣に考えているんですけども、こういうことを一所懸命取り組むということは、生長の家の教えの見地からみたら無意味なんでしょうか？

清超　それは無意味じゃなくて非常にいいことです。あなたは今何かお仕事をされてるんですか。

U　結婚いたしますので最近退職しました。

清超　そうですか。一人でも二人でもそういう方が増えて、皆が物を大切にして「環境を破壊しないようにしていきましょう」というふうになっていくとよろしい。生長の家を説くというのは、そういうことにもつながっていく訳です。

誌友会なんかでもそういう話をする人がどんどん増えてきてます。とにかく環境をよくするというのは人間のためというよりは、一番最初の神様の御心というのは、そういう物を大切にするところの根本が神意なんであって、物を大切にするというのは神の御心を大切にすることにもなるんであります。現象というのは実相の現われですからね。実相がどれだけ現象に現れてくるかが、現象の素晴らしさに出てくるのですから。こっちを素晴らしくするということは結局本物を自覚する人々の自覚が深まるということが前提になってくるんです。

例えばカンカラを捨てないようにして持って帰るというのも、人が何か言うからとか、そうすると処罰がくるからとか、そういう損得からやるんじゃなくて、本当の人間としての生き方がそこにあるからそうしよう、そういうところから力がでてきます。

政治的には政治家やら民衆がそんな悪いことをしないように罰金を取ろうというふうになっていくのも一つの方法です。生長の家はそういう政治方面から入っていくのではなくて、人間の自覚を深めていくという立場から、今凡ゆる運動をやっています。あなたも誌友会や、いろいろな白鳩会や青年会等で御活躍になって、大いにそういう運動を広めていく手伝いをなさったらよろしいですね。

U　ありがとうございました。（拍手）

清超　変な物を捨てたりすると罰金を取る、という国もあります。ところが罰金を取るとなると、取り立てる人が問題なんです。警察官がむやみやたらに増えて、そのための税金も沢山いるということになってくるんですね。見つけた人が罰金料を頂いてよろしいとか（笑）、そういうふうにする方法もあるが、そうすると今度は喧嘩が起こる。「何だおまえにやる必要はないぞ」とか言ってね。

ようするに根本は人間の心の品質が高まって神の子・人間らしくなっていく以外にないんです。根本対策はやはり信仰を広め深めていく、正しい信仰ですよ、インチキ信仰じゃありません、そういうところに行きつくのであります。

2　親孝行の形

●兄夫婦と一緒にいる実母と、義母の面倒を見るということ

A（女）　今長女が二十二歳で大学四年生なんです。後は年子で次が女優のたまごとして今テレビに出たりしています。その次が大学一年生です。

清超　何歳ですか？

A　二十二歳と二十歳です。後は十八歳がいるんですけれども、それが今大学一年生です。

清超　皆女の子？

Ａ　一番下が男です。それでこの場で先生にお礼だけ先に言いたいんです。二十二歳のＭ子っていうんですけど、五年前の群馬の大講習会の時に高校三年生だったんですけれども、清超先生の前で体験談をさせて頂いたんです。その時娘が、

「お母さん谷口先生に握手してもらいたいんだけどいいだろうか。それで私は一生幸せみたい」

って言って、先生に握手してもらった子なんです。

清超　Ｍ子さんって大きな子？

Ａ　高校三年生の時です。総裁先生に「握手して下さい」って言って、泣いちゃったんです。その時は「先生になりたい」っていう体験談をしまして、それに向かって着実に進んで来たんです。でも今大学四年生で来年卒業なんです。群馬大学に行ってるんです。

それで三重から来ている人で二年先輩の、半身になろうとしている男性なんですけど、その人との恋愛で結婚が決まったんです。だから卒業と同時に三重に行っちゃうんです。私はこの子が「生長の家をずっとして行く」って言って約束したのに、何か消えちゃうような気

がして寂しい思いもしたんです。でも何と向こうのお父様とお母様とお話したら、どうもいろんな言い方が宗教的なんです。私が、

「二十二年間育てさせてもらいました。娘をお返しします」

と言ったら、

「大学卒業と同時にお嫁にやるのに、よくそういうお言葉を……」

って感じで言われて、そしたらおじいちゃんとおばあちゃんが生長の家の先生（講師）だったっていうんですよ（拍手）。その家は生長の家の活動をやめてたのが、M子が行くことによって「光よありがとう」って、お父さまが立派なお医者さんなんですけど、お手紙下さるっていう感じで、今幸せなんです。

総裁先生に握手してもらったお蔭でM子も幸せなんかなって、三重でも頑張ってくれるって信じて、この場で先生にお礼言いたいんです。有難うございます。

それから今日先生に是非ともお聞きしたいのは、私は三歳の時に父を亡くしてるんです。私が一番末で、兄と姉がいるんですけども、私は今四十六歳になろうとしています。

父は私が生まれる時に「いらない」って言って「中絶するように」って母に言ったらしい

んです。だけども「この子は絶対私が産む」ということで母は私を産んでくれたんです。だから溺愛っていうくらいかわいがって育ててくれたわけなんです。私が父の顔を知らないからっていうことで、兄や姉よりもかわいがられました。

それでずっと来たわけなんですけども、兄が母と一緒に住んでます。兄と姉さんとだから、最初からうまくいかなかったんです。母はずっと生長の家なんですけど、兄とか姉は生長の家を嫌っています。

清超 〝姉〟っていうのはお嫁さんですか？

A 嫁です。兄嫁なんです。私が思春期の頃ですが、母は本が好きでノイローゼ気味にすぐなっちゃう性格なんです、気にしたりして。そういう中で私も生長の家があったお蔭で母と乗り越えて、私も二十二歳でお嫁にきたわけなんです。

清超 ああそうですか。

A そしたらその母が、元気な時はずっと勤めていたんですけど、今はもう七十九歳なんです。練成に行ったり、いろいろ生長の家の方にもお世話になっていたんです。

でもノイローゼみたいなのがまた再発して、兄や兄嫁たちに怒られたりすると、怯えて震えたりするんです。私がうちに連れて来て良くなって帰すと、また怯えて「死にたい」というんです。だけど兄弟なんかに言わせると、やっぱり長男のところに居るべきだと言います。財産は結構あるんです。本当は私の家に来たいと言ってたんですけど、うちの主人の実家もすぐ近くで主人の母が居るんです。八十四歳です。

清超　ほう、はい。

A　主人の母のことは主人のお兄さん夫婦がきちんとみてくれてるんで今迄ほったらかしでした。でももうこんなことではいけないし、おばあちゃんも歳だし、私も面倒みなくちゃって思って、今度は主人の親の方をこのところ家に連れてきたりしてるんです。主人のお兄さんやお姉さんが少しでも楽になるようにって思いまして。

そんな矢先に実家の母がまたこの四月にノイローゼとあと痴呆にもなっちゃって、「死にたい」と言ったりするんです。それから私の家庭が生長の家で明るかったし、子供達も優しかったもんで、母は結構私の子供にいろいろなことをしてくれたんです。金銭的なことでもしてくれました。

清超　そうですか。

A　それを「返せ」って言うんです。

清超　お母さんが？

A　はい。病院からでも電話をよこすんですよ。「返せ」って言って。「お前には何千万かけたか分からない」っていうかんじで、まあ痴呆もいろいろ入ってるでしょうけど。

清超　成程、そうですか。

A　私もそういう電話を朝晩、おばけみたいに「T子返しておくれ」なんて言われると私自身が怖くなっちゃって……

清超　そうですか。

A　で、兄達もそれが面白くないんです。やっぱり嫁いだ妹でも、そういうところにいっぱいあげていたってなるとね。だから全部ばれちゃったってかんじなんですよ（笑）。兄や姉さんの気持ちも分かるんです。まあ病的に「返せ」って言ってるんでしょうけど、私もとってもつらいんです。実家に行くと母が兄や兄嫁に怒られているんです。でもここのところ一年位は、二十二歳になる娘のM子が大学が前橋なもんですから、実家に母を迎えに行ってくれるんです、具合いが悪くなると。

私はほとんど一年位実家に行ってないんです。母は四月に入院して四ヵ月精神科に入院し、一ヵ月前に退院しました。姉さんが「母とは一緒に居たくないから」って勤めにでてたんですけど、仕事を辞めて母の面倒をみてくれるって言うんです。そういうことは今まで絶対有り得なかった人なんで、私も本当に今は安心したなって感じでいるんです。

清超 そうですか。

A そしたらついこないだ兄から、「病院にいてもおまえは一度も来なかった」って私に言って、「母さんがそう言ってる。だからどうにかしろ」だとか「来ないのは家の敷居を跨がせないからもう縁を切るんだ」なんてそういう電話をもらいました。

「そういうことじゃない」って私は言いまして、「少しこっちのおばあちゃんもみたいし、兄さんとお姉さんがみてくれてるから私も安心してるのよ」って言ったんですけど、兄は怒って「もう二度と家に来るな」って言うんです。

清超 そうですか。

A 私も生長の家をこう長くしてて、もう子供も大きくなったし、生長の家のことで恩返ししなくちゃって思いました。それでこの間も教化部で決意を言ったばかりなんです。だけど「お母さん、兄や姉さんによくみてもらって幸せだね」って祈ってるんですけど、その時に必ず母の、働きづくめでしたから、暗い顔とか悲しい顔とか私になんかあると「T子」って言ってたそういう姿が祈りの中にでてきちゃうんです。

これから生長の家の活動をしようと思ってるんですけど、母は母の人生として兄嫁とうまくいかないけれども、兄達が面倒をみるっていってる限りは私は静かにした方がいいんでしょうか。

清超　うまくいかないと思わないで、うまくいっている姿をあなたが一所懸命神想観をして、観ればいいんです。

A　はい。

清超　それで、お母さんにも生長の家のことをお伝えになったらいいんですよ。

A　はい。何回か伝えてるんです。

清超　そして、なんか悪いけれどもほっておくというんじゃなくて、兄さん夫婦がみてあげるということを言ってくれるだけで、もうすでに素晴らしいんであると感謝する……

A　はい。

清超　「皆が本当に仲良くて有難い、みな神の子で仲良く調和している」ということをあなたが神想観なり、なんなりの時に観るようにして、練習していけばそうなりますよ。

A　はい。面倒をみてくれるって言ってますが、今までは「うちにいらない」っていう感じで、そういう過程がありましたので。

清超　昔はどうでもいいのです。

A　はい。

清超　そういうふうになってきたのはとてもいいことです。

A　はい。

清超　感謝して、感謝の言葉も伝えたりなんかしてね。

A　はい。でも本当は母も「こっちに来たい」って言うんです。それを聞いて主人も「うちの方がよいと言うならみてあげたい」って言ってくれまして、生長の家の先生に何人か相談したこともあったんです。お医者さんからも、うちに来たほうが精神的に楽になるんじゃないかってことは前から言われてたんです。

清超　あなたの御主人は生長の家をどの程度やっておられるの？

A　私と結婚して生長の家を知りました。

清超　熱心にやっておられるの？

A　熱心でもないですけども。(笑)

清超　それは、もしあなたが誰かをあなたのうちでお世話をしたいというなら、まず御主人の意見を聞かなければいけませんね。

A　はい。

清超　「私はこうしたいんだけども、あなたはしてくれますか」っていうんじゃなくて、御主人の御意見にあなたが従っていかなければいけません。あなたの御主人のお父さんお母さんもいらっしゃるわけですから。

A　父はもう亡くなっているんです。

清超　お母さんがおられますね。それを世話しようかって話もあるわけでしょう？

A　世話っていうか近所に住んでいますからお兄さん達にまかせっきりです。今まで私の母のことばっかり世話してくれてたんです。

清超　誰が？

A　うちの主人です。

清超　あなたのお母さんを世話してくれてたんですか。

A　ええ、母が来ると私以上にしてくれて、そうするといつも明るい顔で帰ったんですよ。

清超　そうですか。

A　飛田給に主人が送ってくれたりしたこともあります。それでこれから私自身がどういう考えになったらいいのか、私自身が握ってるんかなっていう気もして……

清超　それはもう握らないで、いいことをやるにしても「こうでなきゃならん」と握る必要はないのです。先ほど言いましたように、まず仲良く素晴らしくやってくださるということを一所懸命祈られたらよろしいですね。

A　そうですか。

清超　自然に御主人が、あなたのお母さんをお世話しようかっていうふうになればそれでもいいですしね。

A　はい。

清超　あなたがどうこうしようと強いて思わなくてもいいんです。

A　そうですか。はい。

清超　親孝行っていうのは一定の形じゃありませんから。

A　はい。

清超　あなたはまたあなたで、生長の家としての素晴らしい……地方講師をしていらっしゃるんですか？

A　いえ、支部長なんですけど。

清超　支部長さん。支部長さんは大切な役目ですから、大いに明るく楽しくおやりになって下さい。

A　はい。

清超　御主人と仲良くして、何でも相談したりなんかしてね。

A　はい。

清超　楽しくやったらいいじゃないですか。とにかく楽しくやらないといけません。

A　はい。

清超　苦しいことばっかり考えちゃいけませんよ。

A　はい。分かりました。どうも有難うございました。

3 自給他足・他給自足

●米の減反について

K（男）総裁先生がお話しになられましたことについてお伺いしたいんです。お米のことなんですけれども、私は農家なんです。小さな農家なんですが、米の問題について私達の考えを述べさせて頂きたいと思います。

清超 そうですか。お米を作っていらっしゃるんですね。

K はい。少しですけれども。あの、先生のお話しされました「減反政策は悪い」っていうのは、本当に農家にとっては痛手でありました。しかし米の価格を維持するとかそういうことのために、政府はしたんだろうと私は理解しております。

清超 それは善意の解釈で、よろしいですよ。

K そしてその後で平成五年から緊急に外米を輸入しているんですが、総裁先生が言われる〝自給他足・他給自足〟というのも分からんではありませんが、農家の立場といたしましては外米の安いのが大量に入ってきましたら、内地米はそうとうの費用がかかって生産しております。そうなった時は農家は農機具なんかも維持していますので、お金がかかります。それに肥料や農薬とか賃金もかなりですし、そういうことを考えると、今の価格でも大変なのに、外米の安いのがどんどん入ってきたら、本当に農家は現象的に見れば絶対に太刀打ちできません。安い食料が入ってきたらですね。

今の内地米の価格でもなんとかやっているような感じだし、耕地を広く持っている人も広ければ広いほど農機具がいるし、小さくても小さいなりの農機具を買って、していかないといけないんです。自給他足・他給自足というのは確かに私も賛成でありますが、それでは日本の農家というのは、特に米作農家はやっていけないんではないかなあと心配なんです。その辺りを自給他足・他給自足になって外米の安いのが入ってきても、日本の農家が対応していけるような方法があるかどうか、そういう心配があるんです。その点を先生に御教示頂ければ幸いです。

清超　はい、どうもありがとう。農家としてはそういう御心配があるのは当然ですね。しかし大体日本の米はうまいし、それから日本人というのはやっぱり日本の米に慣れて信頼しているから、日本の米を買いたいと思うんです。安いから外米を買うという人もおるけれども、大抵は日本の米を食べたいという気持ちが本心です。だから、将来日本の米作がだめになるということはないですね。

それに大体世界全体の米作の生産量というのは減少しているんです。二、三年経つと全体の米作量が世界の需要を支えきれなくなるくらいになっていくというから、そんなに米の値段がやたらに下がって行くというわけでもない。ただ下がるんだろうと思って非常に心配する。ところがこういう事件が起こらない前でも、アメリカ米が入ってきたら日本の米が立ち行かんとしきりに言う人がいたんですが、アメリカ米が入っても日本の米が立ち行かんということはないんであります。

というのはアメリカのカリフォルニア米は確かにうまいし私も食べたことがあるが、お寿司にもできるような米なんです。だけどそれは日本のように沢山は取れない。これは天候の加減でそうなります。日本のように雨が沢山降らないんですね、カリフォルニアっていう所は。アメリカの都市はどこでも大抵そうですが、雨量が非常に少ない。だから一般的な雨量に頼るというよりはロッキー山脈やシェラネバダ山脈なんかからの雪解け水が流れて来るのを、食料飲料水と工業用水と農作用水とに分けて使ってるんです。

だから耕作に使う水というのが非常に限られていて、テレビなんかではものすごい広い田圃が映って稲が沢山取れそうですが、その一部分はそうかもしらんけども、全体として見るとそんなには輸出できないんです。アメリカの国内でも米の生産もあるが、国内需要も増えてきてますから。スペイン系の人だとかあるいは中南米系の人が大分増えてきているし、東洋系の人も増えてきているから、アメリカ国内でも米の需要が段々増えているのです。

そんなわけで日本に輸出すると言ってもそんなにはできない。それから他の国、オーストラリアでもタイでも、自分の所で食べる米も必要だし、世界全体としては米の作付けが減ってきていて、決してだぶつかないんです。だから日本産のいい米が沢山取れるようになれば、かえって多くの人々が喜んで米食をとるようになるということになります。米作にはとても将来性があるんであります。それをかえって自給自足主義でこう堰をしてしまいまして、日本の米がいくら良くても「外国へ出さない」というふうにしたら、余分の米を蓄えておく為には沢山の費用がかかったり、あるいは一つの農協だけが管理するとか、政府や農林水産省だけがそれを人工的に価格を決定したりするというようなことをやると、自然な形でスムースに農家の意見が、そのまま価格や流通にも反映されない。『自然流通の神示』にありますように、水が高い所から低い所へ流れるような形で、うまく配分ができて行かないようになる。

第一、農家の子弟が農業の跡を継がないなんてことを言って、悲観的な状態が起こってくるよりは、自然流通のやり方でずっとずっと農家自身が活発な将来性がある営業をやっていくというふうになってきますから安心です。何でも安けりゃいいなんてもんじゃない。繊維品でも乳製品でも何だろうがそうですよ。日本の自動車でもテレビでもカメラでも、現在はもう安いから売れるというんじゃないんです。安いのが外国に出来ておっても、「いい物がいい」というのが文明国家群の習性です。従ってコメでも、外国米が入ってきたら駄目になると決めつけてしまう必要は全くありません。さらに日本米が自由に海外に輸出されると、日本米の生産は大いに上がります。すると農家がうるおう。どうぞ御安心なさって下さい。

そのためにはやはり政治のほうもそれなりの物分かりのいい政治が行われないとだめですが、各省庁というものは利権の維持のため、あまり物分かりがいいとは限りませんから、ボツボツとそういうふうに自然流通になっていくという具合いであって、丁度いいんじゃないんですか。

K　有難うございました。

●分化と協力の備わったのが組織

M（男）生長の家では講習会は男女一体です。でも下部の方へ行くと男は男、女は女でやっています。講習会以外の小さいところではみんなそうなっているんです。これでは本当の円満なる生活をする為には、男女別々にやっていてはまずいのではないか。いつもじゃなくても、たまには下部の組織でも男女が一緒にやるとかこういう事を計画したらいかがですかと思っているんですけれども、どうでしょうか。

清超　はい。それはすでにやられておりまして、「合同誌友会」というのを進めています。女性の白鳩会の方と相愛会の男性方、あるいは青年会の方、それらが合同してやる会を設ける事が出来るようになっております。ですから御安心なさって下さい。

又勿論女性だけの白鳩会の集まりとか男性だけの相愛会の集まりとかもある。青年会独自の集まりもある、とそういう風になっております。それは大抵の会員さんはご存じであると思います。そしてやっぱり教化部長さんが、ちゃんと秩序を持ってうまく運用して頂くようになっているから、担当の教化部長さんによくお聞きになって下さい。しかし出来るんでありますが、自分勝手にダラダラとやったらいいという風にはなっておりません。やっぱり組織というのはごちゃごちゃと集まっているだけでは、組織にならないし、発展して行かないからです。

人間でもその素晴らしい肉体は、心臓は心臓で、肺臓は肺臓でそれぞれの働きがあるという区別があると共に、その内部では助け合いがあり、一致協力の働きで血液なんかはそこを循環しているんですね。そういう分化と協力とが夫々備わっているのがよい組織です。その辺はよく勉強して頂くとわかります。そうした方向に、もっと進めて行くとよろしいね。

●必要なお金も出さない妻

H（男）実は、私の妻は必要なお金があってもなかなか出さないのです。（笑）

清超　あ、そうですか。

H　子供の学校の為だとか、私がなんかあった時の為だとか言って貯めているんです。私は安月給ですけれど、妻は爪に火をともすようなかんじで生活してまして、私が必要なお金があると言っても、出さないんです。それでけんかが絶えません。

清超　成程、そうですか。

H　それで妻は便秘気味なので、私が「いつも出すものも出さないでいるから、お腹も詰まってしまうんだ」って言って説得したんですが、なかなか理解してもらえないんです。『生命の實相』でも読んでみろ」と言っても読もうとしません。H家も妻の実家も浄土真宗です。生長の家を私の母が妻に一所懸命すすめたんですけれども『生命の實相』どころか、『白鳩』さえも読もうとしてくれないんです。

清超　そうですか……

H　私が「子供が学校に行くときは、お金なんて何とでもなるんだ。私達が老後になっても、その時はその時で又何とでもなるんだ。だからよけいな心配をするな」と一所懸命説得するんですけれど、妻は理解してくれないんです。どのように説得したらよろしいでしょうか。質問を終わります、有難うございます。

清超　あなたはなかなか立派な御主人であるようですから、あなたの立派さを奥さんによく理解してもらえばいいんですね。あなたの言う事は立派な内容です。生長の家で言っている事ですから、あなたが立派な御主人だということが奥さんに分かればいいんだけどねぇ。うーん。（笑）

奥さんは全然生長の家をされないんですね。あなたはいつ頃から生長の家をされてるんですか。

H　私の母は四十年くらい前からやっていたんですが、私がやり始めたのはこの一年くらいでございます。（笑）

清超　ああ、そうですか。この今日のテキストにも〝待つ〟ということが書いてありましたが、「待ち時間」がもうちょっといるんじゃないでしょうか。

H　はい。

清超　それと共に、あなたがいかに優しく愛深い御主人であるかということを、言葉や態度で表現するのがいいですね。愛を〝表現する練習〟が必要なんじゃないですか。

H　はい。あの私と妻は性質がまるで反対なんです。

清超　成程、そうですか。

H　私は出しすぎる方で、妻は出さない方なものですから、もう一所懸命説得していても、必ずけんかになるんです。だから、なるべく私が優しくするようにこれからは努めようと思います。(拍手)

清超　そうですか、それはいいことに気が付かれました。そして優しくするのも奥さんの、まあ例えば、あまり費用をかけないでおいしいご馳走をこしらえて下さったとか、ご馳走でなくても「これはおいしい」とか、そういうように何か奥さんが貢献した、いいところを見つけて、常日頃そこを感謝しながらやっていって下さい。

そしてあなたが「これは非常に役に立つ、貢献する仕事だからこれにお金を出したい」と言うと、奥さんもだんだん言うことを聞いてくれるようになります。御主人が奥さんのいいところを認めてくれれば、「こちらもあなたのいいところを見よう」というような気持ちになってくるものですからね。

だいたい表面的には夫と妻というのは反対のタイプみたいのがお互いに引かれて結ばれるんです。まったく反対っていうわけじゃないんだけれど、本質的、魂的には似てるけれども、受け持ち分野が違うんですね。ネジでもどっちも雄ネジじゃちっともつながらないんだけども、雄ネジと雌ネジがそろっていて、それが丁度質的に合っているもの同士が雄ネジ雌ネジになっているんですね。だが凹凸は正反対である。だからあまり〝差〟を強調しなくてもいいから、共通点を捜してほめる事を、これからドンドンやってごらんなさい。

H　はい。

清超　きっとうまくいくようになりますよ。お母さんが生長の家をやっているっていうんだからいいですね。（拍手）

H　はい。有難うございました。

4　明るく良いイメージを抱いて祈りましょう

●家庭を捨てた女性を信仰で救いたい

Ｉ（女）　実は、私の支部の会員の方の事なんですけれども、長い間生長の家をやってまして、子供さんが六人いらっしゃるんです。夫婦仲も良くて、幸せに暮らしていたんですが、ある時奥さんが蒸発したんです。というか、夜お酒を飲み歩いて、旦那さんが大工さんなんですけど、殆ど帰って来ない生活で、ほとんど六人を自分一人で育てたという素晴らしい方なんです。両親が亡くなったショックで寂しくて、夜出歩くようになったんです。

奥さんの朝帰りが度々続いたので、ご主人に「出て行け！」って言われて、六人の子供さんを置いて、他の男性の方と逃げちゃったんです。そして三ヵ月くらい一緒に暮らしていたらしいんです。子供達はご主人の両親と旦那さんが三人ずつ引き取りました。実家のお兄さんは、「生長の家をしていながら、こんな事になるとは思わなかった」っておっしゃいまして、私は愛が足りなかったなと思いました。それから連絡を密に取りまして、その方も別れて帰って来たので、お兄さん夫婦が本当に気持ち良く受け入れてくれまして、今一人で働いているんです。

清超　一人でって言うのは、自分の実家の方へ帰って来たということですか？

Ｉ　はい。もう四年くらい経つんですけれども。

清超　それから四年たったの。早いねえ。(笑)

Ｉ　三、四年経ってると思うんです。私はやはり信仰で、出来たら解決してあげたいと思いまして。本人は割りと楽天的なんですけれども、すごい量の薬を飲んで、時々ボーッとなりながら最近私に、「私もう疲れたから、この辺でどうなってもいいから」って、自暴自棄になってしまったんです。

清超　まだお宅の近くにおられるんですか。

—　今はもう離れたんです。今はお手紙を書いたりして励ましているんです。一度お宅へ行きましたら、「帰って来なくていい」ってご主人が暴力を振るったりして……　でも子供さんが六人いますので、信仰で解決できたらと思っているんです。「調停とかに行って、中途半端は嫌だから、離婚かどっちかにしたい」って言うんです。

清超　本人がそう言う訳ですね。

—　はい、本人が言いまして。

清超　そりゃあ、調停裁判所に行かれたら結構ですよ。信仰でって言って、特別に信仰の世界があるんじゃなくて、凡ゆる行動が、その人の信仰或いは人生観が元で色々起るわけですから。信仰だけでっていうふうに限定される必要は何もないですよ。

—　私は最近自分で全てが信仰と思ってましたから。

清超　全てが信仰なら、凡ゆる問題に信仰が反映していく訳だから。どこかを避けといて、信仰だけ別っていうふうに考えない方がいいですね。

—　それに気がつきましたので、質問するのにちょっと戸惑ったんですけれども、思い切って、質問したんです。

清超 あなたとしては、そのご夫婦とか一切の方が、子供さんも含めて幸せであること、健康であることを神想観の中でお祈りしてあげたらよろしいね。そしてご本や普及誌なんかも送ってあげるとか、あなたの支部へ参加されていた頃と同じようにしてあげたらよろしいね。どこか行かれたというその先の支部の方を紹介してあげるのもよい。

— ちょっと変わった人で、私を頼って来るので、私しかいないなという気持ちもあるんです。

清超 勿論相談相手になってあげたりしてもいいですね。

— 練成会も時間があると、来たりしてくれるんですけれども、一日も早く解決してあげたいんです。

清超 時間を限定しないで下さい、長く掛かる場合もあるから。そんな急にとは思わないで、じっくりと幸せを祈ってあげたらよろしい。それから地元の支部長さんか誰かに紹介してあげたりしても、あなたとの縁を切るわけじゃない。人間はね、時々間違いを犯すこともある。それはレッスンの途中で犯した間違いみたいなもので、それだからダメっていうことはないのです。

I　有難うございました。長くなりまして、すみません。

●妻と子供に三回目の家出をされ、反省しているが

Y（男）　先月女房と子供が、三回目なんですけど、家出しまして、今一人になっちゃって、ある方のお誘いで練成会に来たんです。つい三週間前まで寝てたんですけど、一年間風呂にも入らないで、ひげボウボウで、結局女房も愛想つかして諦めて出てっちゃったんです。私の責任だから今は反省してるんです。相手を苦しめたんだから、自分が今苦しんでるのはよく分かるんですが……

自分の子供は中二と小二の男二人なんですけど、ここ一、二年子供や女房とは口利かなかったもので、九月一日に転校はしたんですけど、登校拒否をしてるんじゃないかとか……

仕事スタートする前で暇なもんですから、寂しくなったら酒なんかも飲みたくなるというか……ま、強い酒を飲んで、パタッと寝ちゃうんですけど。昼間なんか時間を持て余し

ちゃうと、どうしようもなくなるんです。

清超 今お仕事は？

Y 仕事はまだやってないんです。つい三週間前まで寝てましたんですよ。

清超 寝てたって、仕事はあるんですか？

Y 仕事はこれから探すんです（笑）。夢があって、それを実現させるために仕事を見つける気持なんです。女房が私の為に、三年くらい前に狭心症になっちゃいまして、今度置き手紙が三回目にあったんですけど、今度は十二指腸潰瘍になったって書いてあるんですよね。三年前は狭心症で、私の責任でしょうけどね。悪かったと思うんですけど、どこにいるのか分からない。心が乱れるっていうかどうしようもない。今反省してるから、例えばここに現れたら「ごめんな」と謝る気持なんですけど、「私の事をこれ以上追っかけないで欲しい」という事が書いてありましたので……　どういうイメージというか考えを持って、神想観なんかをやったらいいかと……

清超 あなたはいつ頃から生長の家をやられたんですか。

Y 六ヵ月くらい前に、『生命の實相』というのを二、三巻借りました。

清超　奥さんはどうですか。奥さんは「生長の家」を全然知らない？

Y　知ってますけど、宗教が嫌いなタイプというか、嫌いじゃないんでしょうけど……

清超　奥さんの住所は分かるんですか。

Y　都内にいると思うんですけど、分かりません。自分勝手で今更言うのも男らしくないですけど、どうしても子供の事が心配で。

清超　それは先ず第一に、あなたのお仕事を見つける事を、やられるとよろしいね。息子さんや奥さんと、またいい関係になるにしてもならんにしても、あなた自身に仕事が無いと、中々面倒を見てあげるわけにもいかん事になるから。これからは暇を持て余すんじゃなくて、先ずあなたに出来る仕事を、理想的な仕事でないかも知れないけれども、そこに至る手がかりとして、今やれるという仕事を見つけて、是非第一に仕事の方を見つけて行くのがよろしい。

夜なんかでも神想観をして、奥さんや子供さんが幸せであり、益々立派に成長してくれるということを祈ってあげたりしてね。人の為に祈るということは、やりやすいですよ。自分の幸せを祈るのもやりやすいかも知れないが、人の為になる祈りを先ずしてあげる。そして全ての問題を神様に預けたような気持で、先ず出来ることからやって下さるとよろしいね。

Y 祈る時は、相手が現実にいじめられていたりとか、生活が苦しいとか、悪い方をイメージしないで、良い方をイメージして祈った方が、それ一本に徹しちゃえばいいんですか？ 現実は悪いかも分からないですよね。

清超 それは分からないから、心配するよりは、既に幸せであるという事をイメージして祈るんですね。

Y 良いイメージを持つ事がベストですか。

清超 原則ですね、大原則。

Y あ、原則ですか。分かりました、有難うございます。

清超 そうですか。今日は家出人が多いね。（笑）

●生命の実相を生活に生きるとは

W（女） 今日は妹と、友達のお子さんをお連れして、生命の実相について分かりやすく説明をして頂きたいなという気持で参りました。私なりに少しずつ話しはしてるんですが、まだ説得力が無いんです。

清超　説得力？　説得力のない人はいないよ（笑）。第一ここへ連れて来られたというだけでも、素晴らしい説得力だ。（拍手）

W　何も分からない十七歳の男の子を連れてるんです。友達の息子なんですけど、生き方についてご指導頂きたいなと思うんです。

清超　その子が今いらっしゃるんですか。

W　この子なんですけど。

清超　何か聞きたい事があるなら、言ってごらんなさい、あなた本人が。

W　生命の実相のことがまだよく分からないんですね。

清超　だいぶ分かってるんじゃないんですか。折角来られたくらいだからね。何か一言いってごらん。どういう問題が聞きたいの？　沢山あるからね、生命の実相とおっしゃっても。四十巻もあるでしょう（笑）、雅春先生が書かれたのは。

W　私はまだ不勉強ですので。

清超　そんなことはない。生命の実相はどういうものかという事ですか？　四十巻を一言でいえって訳ですか。（笑）

W　生活にどういうふうに活かして行ったらいいかという事を、ご指導頂きたいなと思います。

清超　そうですか。人間はね、先程も言いましたように、神の子である。神様を信じない方は、人間は肉体であると思いますね。肉体だと百年も経たないで、死んでしまって灰になる。そしたら何の為に生きているか、分からないですね。灰になる為なら今すぐ死んでも灰になれるし、その方が節約という（笑）意味から言うと、ややこしい問題は無くなっていいという考えも出てくるかも知れん。それじゃ何のために生れたか。お父さん、お母さんが勝手に生んだんだという考えになって、ちっとも人生というものが楽しくないでしょう。

しかし本当は吾々が、今ここに生きているという事は、永遠に生きるという事だ。それでないと、結局今生きている値打ちが全然ないという事になりますね。だから今生きているという事は、永遠に生きるんです。永遠に生きるという事は、いのちが完全であるという事と同じですよ。不完全なものは永遠に生きないんですからね。家でも自動車でも、何でも不完全に出来てる程早くダメになって、崩れてしまう。それと同じように吾々も完全でないと、永遠の生命が有り得ないから、吾々は完全なんだ。

それが即ち「神の子」という言葉で言えばそうなる。「仏」と言えば、人間は仏だということなんですね。お釈迦さんが教えられたのも、結局はその点で、「百千万億那由多劫《なゆたこう》より我は仏である、その我とお前達とは同じなんだ」という事を説かれた訳ですから、そういう事が生命の実相の本筋ですね。生命の本当の姿はそういうものだ。それを信ずる所から出発するわけね。それでなきゃこの人生というものは無意味だから。行き当たりばったりに、運命に翻弄されたり、偶然に支配されたりして、つまらんでしょ。だからその無限の素晴らしい仏なる自分、神の子なる自分を、どれだけこの世に表現するかによって、人生が非常に面白く展開して行くわけですね。

例えば絵の才能のある人が、どれだけその才能を現して立派な絵を描くか。音楽の才能のある人は、どれだけそれを現すか。今十五、六歳の方だったら学校へ行ってるから、学校の中でいろんな課題がある、その中で自分の得意とする事をどんどん伸ばして行く。不得意な所を伸ばそうとするよりも、むしろ得意な面をどんどんやっていくと、毎日が楽しくなるよ。何か得意な所があるでしょう？　それを伸ばして行くんですね。

W　喘息があるんです。今の所はいいんですけれど、その喘息を治したいんです。

清超　喘息が得意？　喘息は全速力で治ると言われていますよ。（笑）

W　それが一番いいんですけれども、喘息をどんどん消していく方法っていうのは……

清超　消していく方法？　そんな喘息の事を考えたら、喘息本位の生活になるから、喘息なんか認めない方がいいんですよ。悪いものを認めて、それを何とかして良くしようとすると、どうしてもそれに引っかかって、人生が暗くなるからね。良い所、楽しかった事、素晴らしい事の方へ、何か興味のある事があるでしょ？　そっちの方へ心を向けて下さい。

咳なんてしょっちゅうしてる訳じゃないから、少々やったっていいんですよ。別に抑える必要はない。自然に出なくなるなら一番いいんだけども、出る時は出ていいんですよ。心が縛られているような気持を、そういうふうなもので発散するんだね。熱だって何だってそうです。くしゃみだって出るということは、同時に治す事でもある。病気っていうか、何か不自然な状態を、自然な状態へ持って行こうとする治癒の姿なんですね。治そうとする自然の生命力の働きです。

W　どうも有難うございました。（拍手）

5 人生のレッスンは楽しい

●遺産相続で妹とトラブルが

N（女）平成三年の講習会で清超先生が、真面目な人と不真面目な人の話をされたんです。その時に、私は今までただのらりくらりしてて、不真面目というかいい加減というか、ほんとにその言葉によって目が覚めて、今一所懸命になって生長の家の勉強をさせて頂いております。本当に有難いと思っています（拍手）。有難うございます。

それで本題としては、昭和五十八年に父が病気で他界したんですけれども、その時に父が死んだ事によって、妹と二人姉妹なんですが、遺産相続の事で、親戚の叔母さんがすぐ側に住んでいるんで、その叔母さんと妹が……

清超　叔母さんっていうのはお父さんの何にあたるんですか?

N　妹です。で、その叔母さんと妹が仲良くて、私の事を邪険にするというか……　それで私としては、父が最期に遺言というか、きちっと公正証書をとったわけじゃないんですが、妹がちょっと脳が足りないというので、能力がかなり低下してるんです。そのことが原因で、父が私に妹の後見人という形で、財産を一緒に妹と協力してやって欲しいという事を、父に頼まれたんです。だけど私にはそんな器量ないからと言って、断ってしまったんです。

その頃私は生長の家は全然知りませんでした。その後もめてもめて、もう四面楚歌というか、周りみんなが敵みたいなかたちになっちゃったんです。

私も身体の具合が悪くなって、右足が動かない状態になりました。今はもう何ともありません。ピンピンしております。

それで、大した土地ではないんですが、今荒れ果てて誰も手をつけてないんです。私は長女なので実家の事、祖父や父の事を思うと、栄枯盛衰じゃないですけど、もとのように盛んにしたい…… 私も妹と二人切りの姉妹ですから、仲良くやりたいと思っているんです。でも中々現象的には自分の気持ちが焦るのか、仲良く出来ないものですから、できればひとつ清超先生に解決の方法を教わりたいと思っているんですけども。よろしくお願い致します。

清超 あなたはご主人がいらっしゃるんですか。

N はい、おります。

清超 仲良く暮らしてるの？

N うーん、そうですね。最近は仲良くなりました。以前はいろいろありましたけど。

清超 お子さんは？

N 三人おります。

清超 みな元気でやってるの？

N はい。私の家の中は、今は以前と比べて幸せで万歳です。

清超 そうですか。何でも御主人に相談してやるということを一所懸命おやりになって下さい。あなたの今の家庭の中が調和するということは非常に大切ですから、先ずそれをおやりになってね。それから実家の事ですが、あなたは実家の事を非常に気に掛けておられるようですけれども、あなたは嫁に行ったんでしょ? 嫁に行ったら嫁に行った先があなたの本当の家だから、そこをしっかりと守って、立派な家庭にすることです。それから妹さんと仲良くしたければ、その妹と自分は仲がいいのであるという事を、毎日和解の神想観なんかをやって心に想うのです。そして手紙を出したり電話をかけたり、或いはいろいろな年の暮とか何かの時に、簡単な手紙でも葉書でもお出しになるとかね。そういうような事から段々と心を通じ合わせていけば、いいんじゃないですか。何でもレッスンには多少時間がかかるものですが、根気よくやることですね。

●点字出版本がもっと欲しい

M(男) 初めて練成に来させて頂きました。有難うございます(拍手)。私は五十歳で目が見えないんです。いろんな出版物が出ていますけど、テープも出ていますが、点字の出版物があまり出ていないので、できたら聖経の四部経とか『真理の吟唱』『生命の實相』の四十巻をいつでも家でも読めるように出版してほしいと思います。僕を含めて他の盲人たちもいつでも真理が、御教えが読めるように普及誌とかも点字で出して頂けたらと思います。お願い致します。（拍手）

清超　目が見えないというのは、非常にお気の毒ですね。点字で『生命の實相』等を翻訳されて、いろいろと出された方がおるね。荒地さん、知ってる？

M　少しはあるんです。二十巻まで僕のところにもあるんですけどね。一遍印刷すれば何冊でもできるんで、その原版を作って欲しいんです。

清超　それはいいことですね。荒地さん、教文社に何かの時に伝えといて下さい。

M　他の宗教ではあるんです。キリスト教とか仏教とか……

清超　今のところ生長の家では、録音テープを作ることに主眼を置いてるから、テープはどんどん出ていますよね。それから雅春先生が直接吹き込まれたテープも沢山ありますから、そんなのは皆お聞きになった？

M　聖経のはテープで五巻ほど買いましたけど。今日も「大日本神国観」というのを買いました。朝聞いてても、中々分からないんですね。長いしね。

清超　今までもそして今度も私のテープも出ることになってますから、そういうのもお聞きになって下さい。

M　有難うございます。出来たら点字のをお願いしたいんですけども。僕だけでなしに、盲人の仲間を救うためにも、出して欲しいんです。（拍手）

清超　それはいいことですよね。学校を作ってくれっていう人もおられるが、それもいいことです。病院を建ててくれという人もおるが、それもいいことなんで、しかし今吾々は主として言葉で或いは文章で伝道することに全力を集中しておりまして、そういう点で盲人の方も是非ひとつ各地の誌友会に出席して下さい。すると耳で聞けるんだからよく分かる。そういうような方法をいまの所とっておいて下さい。あなたはどこかの誌友会に行ってますか。

M　今年教区の練成会に初めて参加して、二年前にちょっとやってたんですけど、しばらく休んでまして、今年の九月十七日からまたぼつぼつやり始めたんです。

清超　そうですか。そういう今聞ける所の施設を大いに活用して、そのうちそういう点字本が出てきたら、その方でも又さらに真理を深めるというふうにやって行かれたらよろしいね。

荒地　先生、ちょっとよろしいですか。

清超　はい、どうぞ。

荒地　点字図書館というのが東京の新宿にあるそうでございまして、そこには生長の家の『生命の實相』を始め、ほとんどの書物が点字で既にあるようでございます（拍手）。ですから新宿の点字図書館の方に連絡を取られたら、要領が分かるんじゃないかと思います。（拍手）

M　はい、有難うございます。

清超　荒地さんは何でも知ってるね。（笑、拍手）

荒地　いえあの、今そういう〝情報〟が私の所へ参りましたので、ご報告致します。

清超　だから皆さん、この団体参拝練成会に来たら、どんどんそういう〝情報〟を得られてね、分からんことがあったら、何でも本山の人に聞いて下さい。（笑、拍手）

●『甘露の法雨』の中の「肉体の無限健康」という言葉に引っ掛かる

K（男）『甘露の法雨』の中に、『内に無限健康の生命を自覚してのみ外に肉体の無限健康は其の映しとして顕現せん』という言葉がございます。「肉体の無限健康」という言葉に引っかかりまして、肉体は本来ないもので、死すべきものであると言われているのに、こう書かれているのが分からないのです。

清超　『甘露の法雨』の中のどの辺ですか？

荒地　最後の方だと思います。人間の項の、

『「吾が国は此の世の国にあらず」と。
此の世の国は唯影にすぎざるなり。
常楽の国土は内にのみあり、
内に常楽の国土を自覚してのみ……』

とある辺りです。

清超　（聖経を見ながら）『「吾が国は此の世の国にあらず」と。』ここですね。

『此の世の国は唯影にすぎざるなり。

常楽の国土は内にのみあり……』

「内に」っていうのは実相世界のことですね。「内」っていうと心の内というか、人間の内部生命、実相の中に常楽の国土がある。「内に常楽の国土を自覚……」この本当の内在の神性・仏性ですね。それを自覚してのみ『外に肉体の無限健康は其の映しとして顕現せん』この「其の映しとして」という所が一種の限定があるところですね。つまり肉体は投影されたものであり、影である。影として現れて来るのである。だから内に無限健康の生命を自覚して、即ちこれはもう実相ですから、実相の無限生命を自覚してのみ、「外に肉体の無限健康は其の映しとして顕現せん」ですから映像として出てくる。映像ですからこれは仮のものであり、三次元世界の影なんですから、完全に内なる実相が外に肉体にそのまま全て出てくるわけじゃない。

影っていうのは、ちょうど障子に映った影みたいに、本物は完全な目鼻だちを持っていても、障子に映ると目鼻だちがはっきりしないとかね。そういう表現された映像の限定の中で出てくるということですからね。肉体は三次元空間に映し出された映像であり、その三次元空間に時間を加えた四次元の空間の制限の中で出てくる。立派な肉体が現れる。そして地上の人生がある時間的な制限の中で終わると、次の世界の話しをさっきちょっとしましたが、そういうところへ出て来るということですね。つまり表現の世界即ち現象と実相の実在との区別が「其の映しとして」という言葉に出ているわけです。

K　ちょっとその説明では、私を納得させないんですが（笑）……　肉体の無限健康として出てくるので……

清超　「其の映しとして顕現する」とあるでしょ。

K　肉体と無限という言葉はつながらないと思うので、ちょっと腑におちないのですが……

清超　外に肉体の無限健康は其の映しとして顕現するというんですから、いいんじゃないですか？　つながってるじゃないですか。

K　その説明では分からないので……

清超　あなたが分からなきゃしようがない（笑）。あなたが分かるまで私が説明しなきゃならんってことはないんだから、何遍でも練成会などを受けて下さい（拍手）。「映しとして」という所を抜かしたら駄目ですよ。映像としてその条件の中で出てくるということが、文学的につまり詩としてはこういうふうに表現されているんです。

●友人の兄弟の子供が〇〇〇会の人と結婚

I（女）　お友達の妹さんの長男さんが、今度結婚するんですが、その相手が〇〇〇会の方なんです。

清超　相手の女の人が〇〇〇会というわけですか？

I　そうです。お嫁さんになる方です。男の方より年が三つ上なんです。その長男さんは優秀な方で、非常に家の人からも期待されていたんですけれども、結局そんな状態になったんです。お嫁さんは「〇〇〇会の仏壇を持って来ます」とはっきり言われましたので、それは家には入れられないというので、別の所で所帯を持たれるという事で、長男は相続を放棄するといって、家を出られたわけなんです。それで私の友達の妹さんというのが、その長男さんのお母さんなんですが、これからどうしたらいいかって非常に悩んでいらっしゃいます。私はこうなってしまったら、今更遅いかとも思いますが、御主人に中心帰一しなさいって言ってるんですが、これはどんなふうに思ったらいいでしょうか。

清超　それは御主人の言う通りにしたらいいですね。その方は生長の家はやってないんでしょ？

Ⅰ　長男が放棄したら、相続はどうなるんでしょうか。

清超　その人たちは生長の家をやってるの？

Ⅰ　やってません、全然。

清超　やってなきゃ、しようがないですね。やってない人のことまで（笑）どうしたらいいかって言っても、先ず生長の家に入ってもらうことですね。

Ⅰ　ああ、そうですか。あまり信仰は嫌いらしいんですね。近くの人ではないんですけども、そういう話しは嫌いな人なんです。とにかくお金があって、皆子供さんが優秀なんです。

清超　そうなるのも人生のレッスンの一つでしてね、そういう事で行き詰まって多くの人は

次第に何か正しい信仰を求めようというふうになって行きますね。（拍手）

ー　ああそうですか。それでは生長の家に入って頂くような話をさせて頂きたいと思います（拍手）。有難うございました。

6

愛情の表現

●適当な時に、適当な人が

F（女）今結婚のことで悩んでおりまして、先生にどうすればよいかと思ってご相談しております。よろしくお願いします。

清超 それだけじゃ分からんね（笑）。相手がいるんですか？

F 相手がまだおりません。

清超 ああおらんの（笑）。それでしたら自分の結婚の相手としてよいと思われる人を、色々と心に描きまして、箇条書きにしてもよろしいが、「こういう方と結婚がしたいんでございます。神様にお任せします」と言って神様に全託するんです。そうすると適当な時に適当な人が出てきます。

適当な時に適当な人が出るんだから、全部お任せしてしまえばいいわけです。そうやってごらんなさい。しかし、出てくる時期は分りませんね。

F　はい。ありがとうございました。

●夫の会社をどの子に継がせたら……

Y（女）義父が会社を始めて主人が継いで、今度私達の子供が継ぐことになっております。長男と次男がおりまして、長男は東大の大学院を出まして今東芝の研究所におります。次男は東京理科大の山口短大というのを出まして、NECの通信システムというのに入っております。どちらかが継がなければいけないということなんです。まあ継ぐっていうか、後を見るということになるんですけど、長男が「自分の方がいい学校を出ているので、弟の方が中々生活が難しかろうから、弟を継がしたら」と言うんです。

清超 お宅の会社はどういう会社なんですか？

Y 油を加工して販売したり、他の石油会社のタンクの中から油を移動したりというようなことです。それでやはり長男が継いだらいいんじゃないかなっていうふうに思ったりもしますが、先生はどういうふうにお考えでございましょうか。（笑）

清超 そうですか。あなたの御主人はどういうご意見なんですか？

Y 主人は「兄がそう言うんだから、弟を帰らせてやらそう」というような気持ちです。

清超 それがいいですね。私も賛成（笑）。御主人の仰るようにされた方がいいですよ。

Y そうですか、ありがとうございました。

清超 何でも御主人に相談して下さいね。いい御主人だね、息子さんもいい息子さんだね。子供さんは二人ですか。

Y 三人です。

清超 三人。もう一人は誰？

Y 娘がおります。

清超　娘さん、それもきっといい娘さんだろうね。

Y　ありがとうございます。

●夫と仲良くしたい

S（女）私の主人のことですけれども、とてもお酒が好きで、結婚当時に「どのくらい飲みますか」と聞きましたら、「一合くらいだろう」と言われました。私も「一合くらいなら」と安心していました。そしたら結婚して三十四、五年になりますけれども、二、三年目頃から二合、三合、四合、五合とだんだん増えてきたんです。今は六十四歳ですから、会社は定年でやめてパートで月に十五、六日程出勤しています。残業を二時間ぐらいして、会社からの帰りに酒屋に寄ってそこで一時間半くらい飲んで、そしてまた帰って来て家で飲むんです。

清超　そうですか。

S　私も一人です。

清超　一人とはどういうことですか。

S　はい、夫婦二人です。一日主人はいませんし、私も勤めていないので寂しいので早く帰ってほしいなと思って、たまには酒屋に電話をかけて「お父さん早く帰らんかね」と言います。そう言っても二十分、三十分はなかなか帰って来ません。それで帰って来ればまた一杯飲んで、機嫌がいいときはベラベラと一時間ぐらい酒屋の話の続きを私に聞かせるんです。私は毎日こういう話を聞くのがいやで、知らん顔してテレビを見てます。

清超　あらら。(笑)

S　主人は一時間くらい全然ものも食べず大きな声で話すので、私は頭を痛めてます。その後遺症であんまり大きな声を出されると耳が痛いんです。よくけんかをします。

清超　あらら。(笑)

S　私が脅かして離婚状を持ってきて判もつかせるようにしたんです。それから全国大会に行くようにしていたんですが、子供が勤め先のコンテストで優勝したんです。

清超　何のコンテストですか。

S　車の販売をしているんです。

清超　成績が上がったわけですね。

S　はい。家族同伴で温泉の招待を受けましたので、全国大会には行かなくてそっちの方へ行きました。（笑）

そして子供にも主人の事を話そうかなと思っていますが、あんまり心配をかけちゃいけないと思って、話してはいないんです。

清超　離婚状に判をつかせるくらいなら、子供さんにも話した方がいいですよ。（笑）

S　はい。私は脅したほうがよくなるんじゃなかろうかと思ったんです。（笑）

清超　脅しはいけませんね。（笑）

S　はい。主人も一時は「私が悪かった」と謝ってくれました。お酒を飲まないとこれほどいい人はないんですけれども、お酒を飲んだら、こんな人間はいないんです（笑）。これからどういうふうにしたらよろしいでしょうか。まだまだこれからそういう機会があると思うんです。主人が帰ってこない時は、友達の家に泊まりに行ったこともあります。

清超　あら。（笑）

S　最近は主人が帰ってきても私は黙って二階に上がってしまって、全然下りもしないで、朝までほってます（笑）。それで六時頃に起きて会社に行ってます。

清超　それは、具合いが悪いですねえ。

S　日頃優しい主人が、飲んだらどうしてこうなるんかなと思ってるんです。私の一番の悩みです。どうしたらいいですか。

清超　飲んでもぐでんぐでんになることはないんですね。

S　はい。ぐでんぐでんはないんです。

清超　それはいいですね。

S　でもおしゃべりが一時間続くんです。

清超　それはね、奥さんにしゃべるということは、愛情の表現ですよ。

S　でも酒屋からの連続の話を私に聞かせるんですよ（笑）。それに魚を釣りに行くのでその友達との話を私に聞かせるんです。私は魚の話は全然分かりませんので（笑）、もういやでいやでたまりません。

清超　いやあ、そうかなあ。御主人がそうしていろいろ奥さんに話をするというのは素晴らしいことです。それは好意的に受け取らないといけませんね。「酒が入っている」ということできらっているわけだが、酒が入ろうが入るまいが御主人は神の子で、すばらしいのであるということを信じないといけないですね。

S　はい。残業がない時は三時に帰りますし、酒屋に寄っても一時間か一時間半いて五時頃には帰ります。そういう時は私は寂しくないんですけど、残業してから帰ると、夜は冬だと七時頃になると真っ暗ですから私も寂しいです。それでつい酒屋に電話をかけるんです。そしたらみんなが笑うそうです。(笑)

清超　あなたが実際酒屋に行って御主人の手を引っ張って帰ればいい。

S　そんなことしたら叩かれます。(笑)

清超　まだ叩かれたことはないですか。

S　はい。

清超　一ぺんやってごらんなさいよ。(笑)

S　飲まないとこんなにいい人はないです。私が具合いが悪いときは買物もしてくれるし、食べることもしてくれるし、後片付けからお米を洗ったりまでなんでもしてくれます。

清超　それは大いに感謝しなければいけませんね。

S　はい。

清超　二階に逃げてたらだめです。二階から転げ落ちるくらいにして喜んでお迎えしなきゃ。「帰った時にいかに歓迎するか」ということが一番大切な問題なんですよ。

S　帰ったら「また飲んで帰ったね」って私が言いますと、『そんなことを言わないで「お帰りなさい」とか「早かったね」とか何とか言い方があろうが』って言われるんです。（笑）

清超　そう、そう、そう。そうです！（笑）その通りをやりなさい。

S　はい。

清超　それを言わなくてはね（拍手）。それを言ってごらんなさい。これも練習ですよ。練習していけば、言えるようになります。

S　主人が「そういうふうに言え」って私に言います。

清超　だから、そういうふうに言えばいいんだよ。

S　そのために私頭を痛めてるんです。

清超　頭を痛めるくらいなら、そう言えばいいじゃないですか。

S　はい……

清超　そう言って「御帰りなさい」と言って歓迎してね、手でも引っ張って上へあげて、なでたりさすったりしてあげたらいいんですよ（笑）。それをやってごらんなさい。

S　はい。

清超　それが愛情の表現ですよ。

S　私の愛情の表現が足らないんでしょうか。

清超　そうです。（笑）

S　はい。これからは気をつけてやってみます。有難うございました。（笑）

●神想観の時、想念をはっきり描けない

A（女）　笑われそうなことなんですが、神想観のことでお聞きしたいんです。私は神想観をするのに「想念をはっきり描きなさい」と言われますけど、それができないのです。

清超　〝想念〟って〝思う〟ことですか。

A　はい。思うことはできても鮮やかに描くことができないのです。鮮明に描くことがで

きないのです。

清超　〝鮮明〟ってことには、あんまり引っかからなくてもいいですよ。

A　それで色々悩みまして、生長の家の先生方に御相談しますと、「あなたは我が強いからだ」とか「それができないなら神想観をしてもつまらないからだめだ」と言われました。それで考えたんですけど、〝言葉は神なり〟ということなので「言葉で耳に入れよう」と思って言葉でやってみたんです。

例えば「わが魂は光輝く」という時〝光輝く〟というのを鮮やかに想像できないのです。

清超　薄目を開けたくらいで太陽を見てこう……

A　その時は「この感じだ」と思うのですが、夜またその感じを出そうとしてもできないのです。

清超　それなら電球でも……（笑）

A　はい。それもやってみたんですけど、鮮やかにならないんです。

清超　鮮やかって、電球は輝いて鮮やかでしょう。

A　それはできますけど例えば……

清超 それができたら大丈夫です。

A 子供が元気一杯に活躍しているとか、そういう感じを描くことができないのです。

清超 そこまでできなくても、だんだん出来るようになります。

A しょうがないから、讃嘆日記をつけてるんです。

清超 それもいいですよ。練習というのは、なかなか出来ないものでも、やっているうちに必ず出来るようになるんです。

A でももう何十年にもなるんです（笑）。だんだんやれなくなるんです。

清超 それは「やったってだめだ」とか雑音を入れるからですよ。やるということがいいのです。だから要するに神想観を毎日やることです。

A この頃は毎日やってます。昔は神想観をしていますと、百鬼夜行みたいでものすごかったので、神想観をやめていたんです。

清超 招神歌を唱えて神想観をするのがいいのです。神想観をするということ、とにかくすることが大切なんですよ。繰り返しやっていく中で自然に出てくるんです。太陽を見ても電球を見てもかまわない。光輝く世界を観ていけばいいのです。「できない、できない」と言っているんじゃなくて、やっていることに誇りを持たなくてはいけません。

A　はい。分かりました。神癒祈願で「神想観ができますように」とお願いしたんです。

清超　できますよ。やっているんだからできます。それから御主人はどうしてるの？

A　天国でございます（笑）。主人は修身が動いているように立派な人でした。

清超　あっらぁ、そうですか。（笑）

A　子供達もとても素直で素晴らしいです。

清超　それは素晴らしい。そういう人々の素晴らしい姿を思うようにして、実相世界の光輝く世界を観る練習をしてください。

A　主人が癌で亡くなりましたから、どうしてこんな立派な人が癌で死ななくてはいけないのかと思うんです。

清超　そら、人はなんかで死にますよ（笑）。癌にも色々あります。苦しむのもあれば、痛くないのもあります。

A　前立腺癌で亡くなりましたので、「私がいたらなかったからこんなになったんだ」と思って自分を責めていました。でもそれはやめました。

清超　とにかく神想観をやって下さい。やめたらいけませんよ。やめるのは呼吸を止めるようなものです。「お前の呼吸は不完全だから、そんなのやるな」ということはありませんからね。止めないで、練習して下さい。

7　素晴らしい発展

●私と家内の家系以外の霊牌を仏壇で祭ってはいけないか

M（男）　先祖供養の事ですが、家内も生長の家をずっとやっておりますが、家内が、私と家内の家系以外の霊牌を仏壇にあげてお祭りしてはいかんと言います。宇治から来る永代供養の通知でも、うちの家系じゃないものを位牌の横へ一緒にあげようとすると、ある所で言われたには、ちょっと具合の悪い事があるからやめてと言います。

清超　そうですか。家系に属さないというのはどういう方でしょうかね。

M　嫁の所の霊牌とか通知とか、それから私の家とは関係の無くなってしまった方も、五柱から六柱を永代供養させてもらっています。

清超　そうですか。これは荒地さんに回答してもらおうかね。霊牌供養の話、お祭りの話。

荒地　ありがとうございます。Mさんにお尋ねしますが、永代祭祀の何が来るんですか？通知が来るんですね。

M　はい。一月前に、何月何日霊宮聖使命菩薩の供養の命日ですから参拝という通知なんです。

荒地　それは御霊代とか、そういうものではない通知書ですから、別に仏壇にお供えしてお祭りするものではないと思います。仏壇に置いてもいいでしょうけども、引き出しの中など、粗末にならない所に……　それから「私の縁のない方を」と仰いましたが、前はあったんですか？

M　はい、そうです。

荒地　どういうふうな関係だったんですか？

M　家内の弟の嫁が離婚しまして……

荒地　それで亡くなられた？

M　いや、その嫁の親や親戚の人達を永代供養させてもらってます。ですから今のところ、うちの家系とは関係無しになってしまったような恰好になっております。

荒地　あなたの仏壇の中にはその方のお位牌とかは無いわけで、宝蔵神社の方に永代にお祭りされてるんじゃないでしょうか。

M　はい、そうです。

荒地　それはそれで結構だと思います。

M　もう一つお伺いしたいのですが、霊牌を書いて宇治へ送る前に、仏壇へあげてもいいでしょうか。

荒地　それは一時的ですよね。宇治へ送る前に色々な方々の霊牌をお祭りしてやる……　仏壇の中に入れなくても、その前に粗末にならないように安置して、お祭り申し上げて宇治に送られたらよろしいんじゃないでしょうか。

M　中に入れなくてもいいのですか。

荒地　中に入れてもよろしいですし、入れなくてもよろしい。まあ一時、家にお客さんが来て、手厚く接待してあげて帰るべき宇治別格本山・宝蔵神社の方へどうぞ行ってお祭りされて下さい、と言ってやってあげたらよろしいんじゃないでしょうか。

M　分かりました。

荒地　ですから他人の霊牌を、いついつまでも自分の仏壇の中に入れてお祭りするのは、ちょっと筋が違うかもしれませんけども、一時その様にして宿を借りに来たら、厚く丁重に接待してあげて、そして元の帰るべき所にお返ししたらよろしいと私は思います。

M　はい、分かりました。有難うございます。（拍手）

清超　そうですね、お祭りの仕方というのは色々あるようですけれども、生長の家では仏教のやり方でなきゃならんとか、神道のやり方でなきゃいかんとか、そういう様なふうには言ってませんから、夫々のご家庭で御祖先の方々がやられた様なやり方、もしくは自分がいいと思う様なやり方でおやりになるという事でよろしい訳ですね。あまり窮屈に考えなくてもいいですよ。それは心の問題、信仰の問題ですね。ちょっと祭り方が違うから、罰が当たるとかそういうことじゃありませんから。通じるか通じないかそれは又別ですけども、罰というのは当たるもんじゃないですね。

私の所では雅春先生時代からそうですが、神道的なやり方でやっております。その神棚の中に、私の家に毎年手伝いに来て下さる方がありますが、そういう方もその中に名前を書いて入れて、お祭りしたりしております。その方は何年か経つと辞めていかれますから、そういう時はそれを取り去って、又新しい方が来られたらそうしているという具合です。同じ祭壇の中の片隅ですけれども、そういう事もずっと以前からやっておりますね。それは別にそうしたらいいかんとか、そうしなきゃならんとかいうものではないんであります。

●小学校一年の娘が生まれつき耳が悪い

T（女）小学校一年生の娘が、生まれつき耳が悪くて、今でも言葉がはっきりしませんが、何とか地元の小学校の普通学級に入れて頂きました。生長の家の本を読んで、『甘露の法雨』を毎日誦げて神想観を実修するのが一番いいと、私なりに解釈して毎日やってますが、どうしても娘の現象に引っかかり、実相を見切れなくて悩んでます。地方講師を拝命している主人の父に話を聞いたりしてますが、今日総裁先生のお話で、病気を治そうと思って毎日神想観や聖経読誦をするのは、病気に捕われている、治療と同じだと聞きまして、今までやっていた事は間違いだったかなと思ったんですが……

清超　あなたはいつ頃から生長の家をやられました？

T　結婚前で、大学に入った頃からです。

清超　そうですか。どういうきっかけからですか？

T　主人と知り合った時に、生長の家の教えを……

清超　御主人の方が先に知っておられた？

T　はい。主人はずっと家族をあげて生長の家だったものですから。

清超　それは良かったたね。いい御主人を持たれていいですね。お子さんは何人あるんですか？

T　三人です。

清超　その耳の不自由な方は何番目？

T　二番目の女の子です。生まれつきだと思うんです。妊娠三ヵ月目ぐらいに私が風疹にかかって、知り合いに堕ろした方がいいと言われましたが、授かった子だから絶対に堕ろしてはいけないと思って、実相円満を観じながら出産したんです。三歳くらいで異常に気付いた時にはだいぶ手遅れで……　まだ言葉自体が三歳半の程度にしか達してないので、あちこちの医療機関を回って治療しましたが、小学校一年の程度には到底追いつかないという事です。

清超　上と下は男の子なんですか？

T　はい、そうです。

清超　そうですか。それはね……　同じレベルに持って行こうとする必要はないですよ。人間は大学教育を受けようが受けまいが、小学校教育でも中学校教育でも、同じレベルで進まなきゃならんという事はないんでして、折角優秀な成績で大学を出て、変な団体に入っちゃって、〇〇〇みたいな事ばっかりしてたんじゃ（笑）、悲惨なものですからね。表面的に見て学校の成績が良い悪いでは、それは知能の中のごく一般な、ごくちょっとした測定値に当たる訳でね。学校教育をろくに受けなくても、それから又言葉が言えない方でも、あるいは目が見えない方でも、素晴らしい能力を持っていらっしゃってね。一生の間に、その人に適した素晴らしい生活が出来、仕事をやろうと思ったら仕事も出来るものですよ。だから年齢が何歳だとこの程度だっていう、そういう尺度を捨て去られたらよろしい。それであなたのお子さんに相応しい学校があればそれはそこへ行くのもいいでしょう。地方講師のお父さんがいらっしゃるから、そういう事は出来ない、という事はないですから安心して下さい。御主人も生長の家なんだから、よく相談してやられたらよろしい。御主人はどう仰ってるの？

T　宇部市に耳の聞こえの悪いお子さんを受け入れる学級がありまして、教育委員会からそこに入れなさいと言われましたが、主人は、そういう所に入ると、型にはめられてしまって、この子には合わないと思うから、地元の普通学級に行かせた方がいいと言ったんです。私は、普通学級で皆と同じ様に勉強していけるか心配でしたが、入学してまだ三、四日しか経ってませんが、それでも毎日楽しく学校に通ってますので……

清超　それでいいじゃないですか。ちょっと発達が遅れた場合でも、そういう能力が、急速に回復する事もあるしね。何でも御主人の言う通りにしておけばいいですよ。

T　何でも主人の言う事に「ハイ」でしょうか。（拍手）

清超　そういう立派な御主人を持ってらっしゃると、それはもう楽ですよ。何でも「それはいいですね、はい、そうしましょう」と言って、楽じゃないですか。御主人にまかしてしまいなさいよ。御主人が神様だと思って。

T 現象に捕われるなという事でしょうか？

清超 実相の素晴らしさを観るのです。大体人間というのは、この一生で全てが終わるんじゃない。一生は丁度学校の一学年みたいなものですから、この一学年でこれだけ勉強出来たという喜びを味わいつつ、実相の素晴らしさを無限に表して行くんですね。無限という年限を考えて御覧なさい。産んでから小学生になったぐらいではまだごく短時日ですね。それでこれからはいくらでも素晴らしい発展がありうる訳ですからね。

T 有難うございました。

●腎臓移植を受けたが合わず、人工透析を受けている

F（女） 私は今、人工透析をしてますが、二年前に東京女子医大で、主人から腎臓をもらって移植しましたが、結局拒絶反応がひどくて四ヵ月でだめになったんです。

清超　あなた今何歳になられたの？

F　三十八歳です。

清超　そうですか。三十八歳に見えないね、二十八歳くらい……（笑）

F　有難うございます。それでこれからどういう方向で生きていけば良いでしょうか。

清超　腎臓を御主人から貰ったくらいだから、御主人に聞いてごらん。御主人は何て仰ってるの？

F　一緒に辛い事を乗り越えて行こうと。

清超　いやー、これもまた素晴らしい御主人ですね（拍手）。腎臓まであげようって言うんだからね、素晴らしい御主人だ。いいね。御主人は生長の家は知ってるの？

F　はい。でもそんなに信仰心は無いんですが、私が生長の家をやっているのは反対しません。今日ここに来るのも賛成してくれて、一緒に来ればいいんですが、本人は家で留守番をしておくと言うんです。

清超　そうですか。いい御主人だ（笑）、感謝して、御主人に何でも相談したらいいですよ。

F　はい。

清超　あなたは何時から生長の家をやってらっしゃるの?

F　私は父が生長の家なので、子供の頃からずっと……

清超　どうして腎臓が悪くなったの?

F　十九歳の時に、就職試験の健康診断で、蛋白が三〇〇ぐらい出ていて、それでずっと気を付けなさいと言われてたんですが、普通の人と同じようにスポーツしたり、多少食餌療法もしてましたが、ここ急速に悪くなって、心臓に水が五〇〇cc溜まって……

清超　心臓に?

F　はい。

清超　心臓と腎臓は関係があるもんね。

F　その時に腎臓の働きが悪くなり、三日間くらい呼吸困難になって、「即人工透析しないと命が危ない」と言われ、一週間で十キロ以上体重を落とされて、全部水分を落としてやっと回復しました。一年くらい透析していて、主人が腎臓が合えばあげると言ってくれて手術しましたが、結局だめでした。

清超　御主人は何のお仕事をしてらっしゃるの?

F　今、山口大学の大学院の研究生で、英米文学の勉強をしています。

清超　いい御主人だね。人工透析をしたって構わんけどね、ちょっと面倒臭いでしょう。

F　そうなんです。四時間かかるんです。家から病院は近いですが、私は歯科衛生士で、一日おきに歯医者で働く様にしてます。透析は夜間透析にしてもらって、病気に負けない様に頑張ってます。（拍手）

清超　それでしばらくやっていけば、そのうち変わって来ますよ。

F　そうですか、はい。

清超　神想観とかはやってる？

F　『甘露の法雨』は毎晩読んで、ご先祖様にも感謝の行をあげてます。

清超　子供さんはないの？

F　一度妊娠しましたが、母体が危ないから堕ろしなさいと言われて、堕ろしてしまったんです。

清超　それは惜しかったね。その子は供養していらっしゃるんですね。

F　はい。

清超　あなた、人工透析と言ったってね……母体が危ないって、そんな事ないよ。何処の病院でやったの。やっぱり山口大学?

F　いいえ、徳山の隣にある新南陽の病院で。

清超　そうですか。それはあなた、変わって来る。元気を出していけば、生命力が旺盛になって、いろんな治癒が捗《はかど》っていくんですよ。そして子供も産めるようになるし……

F　主人が内科の先生から、もし子供が出来たら堕ろさなければいけないと言われたらしく、パイプカットしてしまったんです。

清超　髪をカットするくらいならいいけどね（笑）。パイプの方までカットしちゃったら、惜しい事をしたね。でもそれは御主人の愛情の発露だと思ってね、よくご祖先供養して、神想観もやって、元気出して明るく仲よく暮らして下さい。

F　はい。

8　自然界は観世音菩薩の働き

●ヒートアイランド現象についてどう思うか

K（男）　ヒートアイランド現象の事についてですが、平成九年八月三日の『産経新聞』朝刊を見たら、ヒートアイランド現象で東京を含めた都市圏は年々気温が上昇してきて、このままの状況でいくと東京の気温が四十二度くらいになるという科学的なデータが出ていました。原因は、アスファルトやコンクリートの建造物に冷房の普及、工場や自動車からの排気ガスなどが増え続けている事で、その熱で東京やその他の地方都市では気温が上昇しているんです。それに含めて、南極や北極の氷が解け出しているという新聞記事も見ました。吾々若い者がこれから生きていく二十一世紀には、地球温暖化や環境破壊は深刻な問題です。新聞でも「何らかの対策を打たなければ取り返しのつかない事になるだろう」と書いてあるんです。

それに関して、生長の家の信徒だけが環境問題の破壊などに関心を持つのではなくて、もっと多くの人達一人一人が生活そのものを改めて、物質経済至上主義から脱却して精神性に目覚めなければいけない時期に来てると思うんです。それで若い人達がこれからどのように生きていくべきなのかを、先生からお伝え下されば有難いなと思うんですが、宜しくお願い致します。

清超　ありがとうございます。今の状態のままだと、衰退していく現象が地球上に展開されているんですね。結論をいうと、人間は「神の子」であって死なないものであるが、現実の現象界は心の展開する、つまり心で思う、心でつくり出していく仮の世界であるから、心で思い心で考え設計する通りになって行くという真理を、出来るだけ多くの人に伝える以外には解決の道は無いと思うのです。それを伝えるといっても、一部マスコミなんかも伝えていますが、それをラジオ放送やテレビ放送など色んなもので宣伝されるようになっていく事も必要だし、政治家が声を嗄《か》らして、そういう善い事を伝える正しい生き方というものを多くの人々はしなきゃいかんところに来ている。つまり、自分達の利益だけを追求するような生活をしていると、必ず破壊された状態が訪れるんだという事を、みんなで伝えていかなきゃいけない。生長の家としては、吾々の運動そのものがそういう事を伝えている運動であり、そして機会あるごとに新しい人々に伝えて下さいと言ってるでしょう?

ところが先程も言ったように「いやー、私はまだよく分かりませんから」と言って遠慮する人もいるから、そういう遠慮をしないところから始めようという訳で、今いろんな機会にそういう〝伝える事〟をお勧めしている訳ですよ。丁度立て札でも、立て札が悟っているから道を教えてくれるんじゃなくて、立て札は何も分からないけれども、その言葉を伝えて、例えば「こっちへ行ったら○○峠へ行く」「こっちへ行ったら大菩薩峠へ行く」とあると、皆さんはそっちの方へ行ってくれるじゃないですか。そのように「良い言葉を伝えて行きましょう」という事を広く理解してもらう。例えば「私の子供に伝えようと思うんだけれども、子供は言う事を聞かない。遊び呆けているがどうしたらいいか」というような質問をされる方がいます。子供に伝えるのは小さい時から伝えればいいんだけれども、小さい時は放っておいて、大きくなってからでも伝えたらいいのに、まだ伝えなくて、聖使命会だけに入れておいて、それでこちらが祈ってあげるだけというふうにしている人がいる。しかしその子供さんの運命が良くなってもらいたいと思ったら、子供さん自身が自覚してもらわない事にはどうにもならん訳ですね。そこに早く気がついて、中味を伝える。「何遍伝えてもダメなんです」と言うなら、自分の子供さんでなくちゃならんという事はないですから、先程も話にあったように出来るだけ多くの人が正しい自覚を持てばいいんだから、親が子供にしか伝えないんじゃなくて、子供に伝えるのは勿論だけれども、伝えられない場合でも、他人の子供にでも、大人にでも、お隣さんにでもどこにでも伝えれば、それだけ自覚した人々が増える訳ですね。

だから将来はそういう不幸な状態になる地球環境だという事を伝えることも必要ですね……しかしここは非常に大切なんだけれども、地球がダメになっていくからといって、人間は絶望してしまう必要は何もない。これは一つの地球学校が消滅するだけの話なんだ、という事を自覚していれば、恐怖心とか心配とかというようなものの虜となって、世紀末だといって「こうしたら救われる」と、よく個人的救いを宣伝する人も居るが、そういうものに惑わされないで、なるべく〝学校閉鎖〟にならないようにやっていくことができますね。

実際今は少子化現象で子供の数が少なくなっているから、私の住んでいる東京都の渋谷区辺りでも学校が消滅していってるね。学校に入学する生徒がいなくなったといって、ごく近くの小学校が閉鎖になって、他の小学校へ行かなきゃならなくなったというふうに、この間散髪屋さんに行ったら散髪屋の人が言ってたからそうなんでしょうね。そういうふうに消滅する〝学校〟はいくらでも有り得るんですね。

昔だってマンモスや恐竜などが全滅したじゃないですか。何とかザウルスとかいうのがいっぱいいて、素晴らしい蜥蜴《とかげ》のお化けみたいなのがたくさん死んだ。卵を沢山残して。あれなんかでも、やっぱり一つの〝地球の大異変〟が起こって気候が激変したらしい。たぶん今のメキシコ湾辺りに大きな天体が衝突したんじゃないかという説がある。そうしたら灰みたいな粉塵が巻き起こって、それが二年も三年も地球を覆ったものだから、太陽の光が届かなくなって、そして気温が急激に下がり、植物が枯れ動物が死んだというような事があったんじゃないかという。今でもそういう事は有り得る事なんですね。

大戦争なんかでもそうですよ。大戦争が起こって多くの人間が死ぬという事も、それは有り得ない事でも何でもない。人間が自分の欲望、あるいは自分の国の単なる拡張、勢力拡大、あるいは自分の政権を維持する為に「もう破れかぶれだ、何でもいいからミサイルで水爆をぶち込もう」というような、そういう事をやらんとも限らない。そういうような現実はあるでしょう? この人生において現象界には、あらゆる事が可能なんですよ。可能な中で吾々は善い事の方へどんどんその力を結集していく。善い事の中の最高の善い事である「真理の伝達」を、吾々はもっともっと悦びを持って前進させていこうという事を言っているのです。これに賛同する人を増やしていき、それに近いような事を言うマスコミやら、それから識者や評論家が多くなる事を心から祈念しています。

また正しい事を広めるのに力を出し合っていく事が一番いいんでありますよ。そうしたらそうした人類の心の平均点が上がって来て環境もよくなって行く。冷房でも、今みたいにめちゃくちゃに冷房をするという事はやめても差し支えないと思うね。やめても差し支えないんだけれども、全体的にはやめようというふうにまだなって行かないんです。つまり暑いから冷房をする、そうすると外気に排熱がどんどん出ていきますね。そしてその排気ガスは樹木を少なくして行くでしょう？　樹木というのは自然に冷やしてくれますね、ことに広葉樹みたいに枝葉の茂ったものは。ところが広葉樹をどんどん針葉樹に変えたり、針葉樹も減らして、単なる住宅地にしたりする事をしていたら、それはだんだん地球が温暖化していくのは当り前ですね。大気汚染で地球は温暖化されていきますね。だから例えば東京都でも、やっぱり早いうちに自動車の排気ガスの分量をこれ以上はダメというふうにしていかなきゃいけない。

それをやるためには、東京都の区内は自動車は通さないで、みな電気自動車とか電車とか自転車とかそんなものにするとかね。そういう事をやれば今でも東京都の中はだいぶ涼しくなるけれども、それをやるだけの力がまだ無いのですよ。東京都にも無いし、政府にもない。何故かというとそういうことは多数決の会議で決めますから、「そんな不便な事が出来るか」という訳で、結局民主主義というのは最高の結論を出す訳にもいかない。叡智の無い民衆がたくさん集まって多数決で決めたら、世の中はなかなかうまく進歩していかない。そのうち環境の方が「お前そんな事でいいのか」と教育してくれる訳だね。自然界も一つの教師ですよ。戦争がその悲惨さを教えてくれたように、人間の欲望の満足第一主義が、多くの人類に対してひしひしとして警告を発してくれる「観世音菩薩」の働きみたいなものですね。だからそれをどういうふうにして受けるか、その受ける心を開いてあげる運動が宗教活動ですから、これをしっかりやってもらう他に方法はないですね。

●病気治しには、イメージ法と考えない方法とどちらがよいか

O（男） 病気を治す時に、自分の気持ちを感謝の気持ちに切りかえると治るという話をよく聞きますが、他に二つ方法があると思います。私が考えた訳ではないんですが、一つは、例えば癌が自分の体の中にあると知った時に、それが小さくなっていくとイメージするとその思いが実現するという事から、ひたすら癌が小さくなっていると考えると小さくなっていく。二つ目は、病気の事を考えないのが一番である。医者の書いた本を読むと、しばらく来ない患者さんが、忙しくて来られなかった、病気の事を考える暇がなかった、それで久しぶりに来たら良くなっていた。そうすると、一番目はひたすら考える事になるので二番目と矛盾するように思えますが、この二つの方法は人によって使い分けるのがいいのか、同じ人で

も場合によって使い分けるのか、矛盾は気にしないで同時にやってもいいのか、あるいは一方が正しくて一方が間違っているのか、その辺を教えて下さい。

清超　なかなか難しい質問ですね。これは確かにその部分だけをとると、運動競技等で、ホームランが入るという事をイメージすると、段々成績が上がっていくという事はありますね。癌の場合はそれでいくという事は、理屈では同じ事になるんですが、しかし癌が小さくなるという事をイメージするというのは、どうしても強く〝癌〟をイメージするという事にもなる。癌をイメージするという事は癌をつくる事にもなっていく、想像力のもつ創造原理ですから。ストライクの場合はいくらストライクがたくさんになったってちっとも構わない、死なないんですから。そういう使い方にした方がイメージ法ではいいんですね。

一方「考えない」のはいいんだけれど、やっぱり大きな病気を患ったりした場合は考えちゃうんですね。考えないようにするというのはなかなか難しいんですよ。例えば瞑想する場合でも、黙想する場合でもメディテーションの場合でも、何も考えないという瞑想法はほとんど成功しないで、何かを考える訳ですよ。座禅なんかでも、昔は止観と言ったんですがね。禅宗では座禅と言うが、天台宗では止観という方法でやっているんですね。その場合は何も考えないんじゃなくて、月を見て月のような真ん丸い円満完全な世界を心に描くという方法をやったり、池水観といって、池の水を見て池の水の真っ平らな豊かな満々とした姿を心に描いて心を静かにするというふうに、積極的に善い事を心に描くという方法で、具合の悪い方を消していくとかする。人間は両方いっぺんに考えるという訳にはいきませんからね。楽しい事を考えたら悲しい事はその時は考えていないですから、そういう方法でやっていく。考えないという場合は、むしろ考えないというよりも、仕事なら仕事に熱中していたその時は考えなかったけれど、仕事でも偽札造りに熱中していたら、それで病気の方は一時治ったとしても、偽札を造るという悪業の為にその後で悪しき結果を繰り延べて刈り取らなきゃいけません。だから考えないというより、何を考えるかという、その「何を」のところに力点を置いた生活をするという事が必要です。

その為には「神の子・人間」を考え、実相を観じ、毎日一つでもいいから善い事をしましょうという、そういう生長の家の教えで大いに力を引き出して行くことが大切です。やっぱり生長の家を純粋にやるのがいいですね。病気を治すという目的に対する手段として使う人もいるでしょう。薬と同じですね。薬が全然いけないという訳にはいかない。手術をする時にはやっぱり麻酔薬を打つという事も必要だろう。そういう意味で、手段としては時には使える。けれども根本的には、やはり病気を治すというより、病気でない本当の人間の命の素晴らしさを讃嘆しながら、喜びの人生をおくるという事を真正面から勧めていくのが一番よろしいのだという事ですね。生長の家の教えの神髄を根本的に自信をもって実行していくという事を、皆さんに強くお勧めします。

9　困難の後には良いことが

●トラブルがあって、職場拒否になってしまった

T（男）　去年、仕事でお客さんとのトラブルから職場拒否になったんです。その仕事は無事済みましたが、仕事に対するやる気が起こらないんです。

清超　何の仕事をしてますか？

T　建築業をしています。

清超　建築業はやりがいがあるじゃないですか。

T　やりがいはあったんですが、トラブルでプライドとか叩きのめされたもので、お客さんが来ると、隠れて逃げ回る様な状態です。

清超　生長の家はいつ頃からやってるの？

T　昭和四十八年頃から十五年間やった後、七、八年は凡ゆる宗教をあちこちやっていましたが、今日は久しぶりに道場に来ました。

清超　御夫婦の仲はいいんですか？

T　悪い事は無いですが、百パーセント満足はしてないですね。妻からは「お父さんは、何かしてあげても満足を感じない」と言われます。今日ここへ来る時でも、妻に「一緒に行かんか？」と聞くと、「行かない」と言うし、山や海へ行こうと言っても「行かない」と言うんです。無条件でハイと言って付いて来ないから、私も無理矢理引っ張って来るまではしないし……　夫婦はもう一歩ですね。

清超　そうですか。お子さんは何人あるの？

T　子供は三人で、もう今は家から出て、一人は大学生で、あとは高校と大学を今年卒業しました。今は妻とばあさんと三人です。ばあ様は隠居部屋作って自由にして……

清超　そうですか。あなたはいい、素晴らしい。あなた率直でいいね。率直というのはいいことですよ。率直で明るくてね。明るい人だから奥さんにも深切にしてあげたらどうかね。もっと喜んであげて、例えばお茶なんか持って来たら、「美味しい、これは美味しいよ」と、飲んでから言うんだよ（笑）。一つこれから、愛情の表現を活発にやってご覧なさい。

T　はい。

清超　そして世の中のいいところを讃美して、宇部へ行ったら桜がまだ咲いていたよとかね、こうして喜びを表現したら、奥さんもあなたの喜びに答えてくれるようになるんですね。

T　はい、分かりました。

清超　建築業って、素晴らしい仕事ですよ。

T　はい。だけど私の心の状態がおかしいと、受注があっても話がまとまらなかったり、一旦は契約していてもキャンセルになったりするんです。自分の精神状態が神の心に叶っていたらどんどん繁盛するけど、今ちょっとズレてるみたいです。それとばあさんが呆《ぼ》けてると思うんです。それに暗黒思想で、人の欠点を言って悪いところを直そうという考えで、どんなに生長の家の真理を言っても馬耳東風で、一緒に食事をすると気分が悪くなるから別でしてるんですが、それはいいですか？

清超　まあ、あまりいいとは言えないが……とにかく、おばあさんにも誉めてあげたり感謝してあげたりしてね。何歳ですか？

T　七十二歳です。

清超　七十二歳？　ちょっと早すぎるね。

T　歳には関係ないと思うんですよ（笑）。精神的に色々な事があったら、若くしても呆けますよ。

清超　仰る通りでございます（笑）。あなたは何でもよく知ってるし、優秀だ。元気を出して下さい。

T　はい、有難うございます。

●家業は倒産し、二十歳の息子が精神分裂病で入院している

K（女）　二十歳の息子の事ですが、十八歳の時に高校を中退して、精神分裂病になって、去年の十一月から入院しているんです。

清超　どこの病院へ？

K　玖珂にある精神病院です。妄想が凄く強い薬にされてから廃人の様になって、見るのが辛いんです。生長の家では必ず治るという事なので、それを信じて一所懸命に神想観や先祖供養をしてますが、息子を見ると辛いんです。それに主人がなかなか練成に行かせてくれないんです。

清超　他に子供さんは何人ある？

K　下に高校二年生の息子がいます。その子は元気です。私達は東京から引っ越して来ましたが、下の子は東京にいるんです。

清超　御主人さんと、あなたとがこっちへ来られたんですか？

K　はい。主人が、兄弟三人でやっていた仕事に失敗して、息子と私達夫婦、義弟の家族と義兄で引っ越して来ました。すぐに息子が入院したので最初は六人で同居してましたが、最近義弟の家族は新しい家に引っ越して、今は夫と義兄と三人で生活しています。

清超　それで家庭は上手く行ってるんですか？

K　何とか一所懸命やって、自分では上手く行ってると思ってますが……

清超　生長の家はいつからお知りになったんですか？

K　昭和五十七年に東京の方で入信しました。

清超　そうですか。御主人は？

K　主人はあまり生長の家が好きじゃなくて、最初は反対されてそっとやってましたが、こちらに来る少し前に、主人もノイローゼっぽくなって、『生命の實相』を読むように勧めました。それを読んだら少し気分が落ち着いて夜眠れるようになったと言っていたので、生長の家をゆるしてくれるかなと思ってたんです。でも義兄が宗教が嫌いなんです。

清超　宗教にも色々あるがねえ。

K　そうなんです。生長の家は一番素晴らしいという事を上手く説明できなくて、皆同じだと思っていて、お金を沢山取られると言うんです。今日も来られないかと思いましたが、義兄がいいよと言ってくれて来られました。

清超　それは良かった。では今日帰ったら、御主人にお礼を言って、本でも見せてあげて下さい。

K　はい。前にも何回か『生命の實相』などを、「いい本だから読んでみたら」と勧めましたが、弱い人が宗教に入ると思っている様で、「病気になった時に読む」と言うんです。義兄も、自分の力で出来るから宗教はいらないと。

清超　こういう自由な世界があるという話があったよと言って、読んでごらんと私が勧めてたと、あなたの義兄さんやら、御主人に伝えて下さい。

K　義兄は和田一夫さんの本を読んで、知ってはいるんです。

清超　それはいい。もうちょっと深く知ってもらえばね。それならそんなに、全然反対という訳でないですね。

K　子供の事は、今まで治そうと一所懸命やっていたと感じたので、神様におまかせしなくてはと思うんですが、なかなか……

清超　スカッとおまかせしたらよろしいよ。神様におまかせするのが一番いいんです。治さなくてはいけないという事はないです。精神病だって胃病だって同じ様なものですよ。ここが悪いだとか、こっちがちょっと変だとか……　それで御先祖供養はよくやっているんでしょうね？

K　はい。薬が強いので、飲込みが悪かったり、手が震えたり、日にちの観念も分からなかったんです。

清超　病院はどこへ変わったって構わないし、もっと適当な病院があるかもしれないですね。

K　二月末に宇治の神癒祈願をお願いしたら、三月になって症状が落ち着いて来たんです。毎週日曜日に主人と面会に行って、「今日は何日か分かる？」と聞くと、「分かる」と答えるんです。主人が「どうして？」と聞くと、「お父さんとお母さんが来る日だから日曜日だ」と分かる様になって来たんです。主人が「いま何か心配事はあるか？」と聞くと、「いつ退院出来るか心配だ」と言うんです。「退院出来ないんじゃないか」と言うから、「そんな事はない、絶対良くなる。治ったら必ず退院出来るから」と言ってます。

清超　それはいいですよ、構わないですよ。退院出来るようになったら、退院させてあげてよろしいね……

K　担当の先生は、強い薬を飲んでいるから、元通りになる事はありませんと仰るんです。

清超　すると、あまりいいお医者さんじゃないね。（笑）

K　だから、大丈夫と思いながらも完全に治るのか心配になってしまうんです。東京では本人が絶対に入院は嫌だと言ってたので、二年間通院してましたが、引っ越して急に環境が変わって、余計に悪くなって入院させたんです。だから主人は、病院を変える事は環境が変わる事だから、せっかく今落ち着いているのに、また悪くなるから変えない方がいいと言います。

清超　変えましょうと言った事があるんですか？

K　ええ、薬の影響で悪くなったというのが分かってましたから。それにおしっこをもらしたりして手間がかかるから、看護人の所に色々と、同じ事を何度も言いに行ったりするんです。それで面倒見切れないという感じで、保護室という個室に入れられた事があったんです。そういう病院だとちょっと心配だから、「違う病院に変えましょうか」と言った事がありますが、「また環境が変って悪くなるといけないから、そのまま入れておいた方がいい。お医者さんに任すしかない」と言うんです。

清超　まあ、子供さんの事は、御主人がそう言われるならそうして、あなたは御主人をもっと大事にして、とにかく本を読んでもらって下さい。本を読むとか、あなたがもっと御主人の素晴らしいところを見るようにしていくと、御主人も「うちの奥さんは生長の家に行くたびに素晴らしくなっていくな」と心を振り向けてくれますね。

K　私は二年前に子宮癌になりまして……

清超　手術したんですか？

K　はい。

清超　それはどこで？

K　東京で。その後、膀胱が悪くなって失禁するので、去年その手術をしたんですが、まだ完全に治ってないんです。主人も私が入院している時には、すごく大変だったと思うんです。その時は子供が入院してなくて家にいましたから、私の姉が手伝いに来てくれました。

それで今度主人の仕事でまた大変だったので、生長の家がなかったらどうなっていたか分からないです。

清超　そうですか。困難な事があった次には良い事がありますからね。元気を出して、明るい素晴らしい奥さんとして、家庭を活気づけていくんですね。そうしたら子供さんも帰って来るだろうし、全てが変わって来ます。あんまり病院や薬の事を心配しないでいいですよ。

K　病院に任せておけばよろしいですか？

清超　それはもう病院に入っている以上は、こっちがどうのこうの言っても仕様がないもんね。医師や看護士さんにも感謝して、神想観をする時に、病院の方々にも感謝する祈りをやっていかれるとよろしいね。

K　はい、毎日やっています。看護婦さんと看護士さんと担当の先生に毎日二十回ずつ「ありがとうございます」といって。

清超　それはとてもいい事です。あなたはなかなか素晴らしい（拍手）。素晴らしいから、こうしたら病気がよくなるという、そこを脱却する必要がありますね。そのままで有難いという、その有難いことを沢山数え上げてそれに感謝して生活をしていくと、ありがたい範囲が広がって来ますから、色んないい事がどんどん出て来る様になるね。だからあなたが心配しても仕様が無い事まで心配する必要はない。そういう事は全部神様におまかせして、今あなたに与えられている中で、有難い事、素晴らしい事を毎日数え上げて、それをノートにでも書いたりしたらよろしいが、そうでなくても数えて感謝の対象を増やしていくんですね。

K　有難うございました。

●二歳三ヵ月の子供が一人で立てない

N（女）子供が二歳三ヵ月ですが、一人で立てないんです。伝い歩きなら一人でも出来ますが、なかなか上手くは出来なくて、検診で聞くと、知能が遅れているような感じがあるんです。私にはもう一人長男がいましたが、変性疾患という脳の病気で亡くなりまして、その子の遺伝があるのかと考えたりします。

清超　そうですか。二歳くらいでそのくらい伝い歩きが出来るというのは、いいですよ。

N　でもみんな一歳前後には……

清超　それは、早い人は早いけど、二歳ぐらいならいくらでも回復出来ますね。

N　そうですか。でもこの子より後に生まれた子供達が走っているのを見る度に、落ち込んでしまいます。まだ積み木も出来ないし、何かを持って来てと言っても、持って来られません。普通二歳では出来るはずなので、段々落ち込んできて、これではいけないという気持ちもあるんですが……

清超　出来ない事を数えていくと、それは気が沈むから、〝これが出来る〟と出来る所を数えてごらんなさい。

N　今は一所懸命障子を開けたり閉めたりしてます。瓶の蓋を開けたり閉めたり、物を出す事も出来ます。

清超　そういう所をみな感謝して、伝い歩きをしてから歩くんだから、誰だって伝い歩きが最初ですから、それを感謝してやらないといけませんね。

N　遺伝というのはあるんでしょうか。

清超　遺伝はいくら心配したって、もう仕様がないね。『甘露の法雨』をよく読むことと、心配しても仕様がない事は、心配しないで下さい。

N

はい。明るい方に考えないといけませんね。

10

神は審かない

●幸・不幸が半ばする時、喜ぶべきか悲しむべきか

K（女） 四年前の練成会で先生に質問しまして、本に載せて頂きました。それは甥が今から四年前の一月四日に脳腫瘍で昇天しまして、本家の跡取りがいなくなって悲嘆のどん底でしたが……

清超 甥というのは貴方の？

K はい。私もその家系ですが、その本家の跡取りが亡くなってしまったんです。

清超　あなたのお子さんではない訳ですね。

K　はい、姉の子です。それで後継者を見つけるにはどうしたらいいかを質問して、先生から「それは神様が必ず跡取りは見つけて下さいますよ」と、大変優しくお力強いお言葉を頂きまして、姉に話しましたら大変喜んでおりました。その結果を申し上げますと、跡取りが見つかりました。甥は二人姉弟で、嫁いでいた姪が帰って来る事になったんです。神様のお計らいと言ったらいいのか、去年の六月十日に姪の主人が亡くなり、結果、姪の主人には兄弟が四人おりまして、こちらに帰って来てほしいという事になり、一人娘を連れて戻って来ることになりました。難しい手続きがありましたが、漸《ようや》く帰って来れる事になりまして、兄弟親戚など私どもは大変嬉しいんです。総裁先生の「跡取りは見つかりますよ」のお言葉が忘れられなくて、本当に感謝しております。でも姪は主人を亡くし、その子供は父親を亡くしたので、おめでとうと言っていいのか分かりません。兄弟親戚は喜んでいますが、そういう解釈の仕方でよろしいのでしょうか。

清超　生長の家の教えは、「天地一切のものに感謝する」「人に物に事に感謝する」訳ですから、〝これだけは感謝できない〟という事はないのであります。だいたい人間は死ぬと言っても死なないんですよ。死なないという事の方が大切なんで、死んだというのは現象の中の仮の出来事です。現象的には誰だって皆死ぬんです。いつかは死ぬのが、早いか遅いかの話だけで、本当はどうという事もないんです。それでも早く死んだらかえってお父さんお母さんが悲しむし、歳をとって死ねば悲しまないかもしれないけども（笑）。よそで死んだら、「可哀そうだ。あの人はお父さんお母さんを失った」と言って、よそでも悲しむ方もいらっしゃる訳です。それは嫁に行ったという事は嬉しい事だけれども、昔の恋人から見たら癪に障るとか、悲しいとかそういう事もあるでしょう。それなら近親者は縁談が決まったから「有難い」「嬉しい」と言ったらいけないかというと、そんな事はないので、昔の恋人がどう思うか、それはそっちの方の御都合で色々思う人もいる。これはやっぱり込み入った人生ドラマの在り方なんですね。

この人生はドラマですから、本当は誰も死なない。跡継ぎがいなくなるという事もない。そういうのが本当なんです。だからそういう善いところを見て感謝して、そしてあまりその他の人の悲しみの範囲を広げていかれると大変ですよ。テレビを見ていても、「あの人のお父さんお母さんは、どんなに悲しんでいるんだろう」と、こちらの方をすすめていきますと、それもいい点もあるんですが、広げていくなら徹底的に実相の世界まで広げて行かないとね。現象の所で足踏みしていると、やっぱり立ち竦《すく》んでしまう所が多いですね。よろしゅうございますか。

K　有難うございます。

●自分は癲癇、姉は脳膜炎。拝むように言われたが

I（男）私は癲癇《てんかん》で、姉は脳膜炎になったんです。小さい時に死んだ人はいませんが、拝むように言われたんです。誰を拝んだらいいのでしょうか。

清超　そうですね、癲癇といっても、脳の病気といっても、これは一種の病気で、胃の病気とか耳の病気とかと同じですから、拝むという場合は、まず絶対なる神様、完全円満な世界を創られた神様を感謝して拝むという事。この実相世界の完全円満を信ずるという事が生長の家の信仰の根本ですから、それをよくやる事ですね。

I　はい。

清超　そして御祖先のお蔭とか、或いは御両親やそういう方々のお蔭でもありますから、「ご祖先のありがたいお蔭によって、私はこうしてこの地上の人生学校に生まれて来ました。ありがとうございます」と、ご祖先を拝んで感謝する事。ご祖先の中にお父さんお母さんは勿論……　お父さんお母さんは生きておられるんですか？

I　はい。母は亡くなりましたが、父は生きています。

清超　そうしたらお母さんお父さん、殊にお父さんはまだ生きておられるなら、大いに感謝して、喜ばれる事をやってあげるというふうにされるとよろしいね。

I　分かりました。

●「最後の審判」

H（男）　オウム事件が起きてから間もなく、新聞で代表的な宗教教団に「この事件をどういうふうに思うか」というアンケートのような事を行ってまして、生長の家ではどのように考えるかという事に大変関心を持ちました。しかし私の今まで知っている範囲では、生長の家を含めて割と大きな教団といわれるところも二、三ノーコメントという事でした。その後そういう見解の発表に接した事はないと思っています。

　私はこの様な大事件は、戦後五十年の今まで、生長の家が説いてきた国家の問題や家庭教育の問題、或いは学校教育など凡ゆる問題が、生長の家の谷口雅春先生がお説き下さった事と反対の方向に来た結果ではないかと感じています。こういう時にこそ生長の家が、どうせマスコミの新聞に載るんですから、ショートコメントに留まらざるをえないとは思うんですが、そんな短いコメントで、この生長の家の大真理の素晴らしい点を皆に分かるようにという事は到底無理だろうとは思いますが、ショートコメントであっても、エッセンスみたいな所だけでも言って頂けると、非常に励みになるという信徒さんも、私の知っている限りでも随分いらっしゃるんです。

　今の日本は、マスコミが信頼出来ないような残念な現況にあると思います。そこに発表しても正しく伝えられるかどうかも分からない。色々毀誉褒貶《きよほうへん》と言いましょうか、或いはそういう事にあまり色んなエネルギーをとられて、真面目な日常的な、本当に地道な活動に影響があってはいけないというご配慮がもしあるとすれば、それは私も非常に頷ける所です。そこまでは理解しているつもりですが、こういう大事件であればこそ何らかのショートコメントでも頂けたら、大変力になり伝道にも励みになると思いますので、一言お願いします。

清超　そうですか。私は生長の家にそういう質問があったという事を、生長の家の理事さんの方々から聞いた事がないし、今でも知らないですね。だからちょっと私も答えかねるんですが、理事の一人である荒地さん、どういうのでしょうか？　どこかに紹介があったんでしょうか？

荒地　いや、私も存じ上げておりませんので、今始めてお聞きしております。

清超　何かの会でもそういう発表があるかと思ったが無いし、一人の理事に相談があったかもしれないが、理事が自分としては言えないと思ったのかどうか知らないが、そういう関係で、その紹介があったという事実があるか無いかが分からないんだけれども、要するにそういう小欄に載らなかったかもしれないが、私のオウムに対する考えは、平成七年七月号の機関誌に出てますが、あれは教団と言っても、正しい宗教とは言えないので、それくらいのコメントを、聞かれたら言ってもいいとは思うんだけれどもね。

何故そうなったか簡単に申し上げますと、要するに信じてはいけない事を信じたんですね。シヴァ神というのは、つまりオウムのＡＵＭというもとの意味は、つくり出して保持して破壊するという、つまり現象の法則なんですね。シヴァ神というのは現象の法則を神格化したものなんでありまして、それを信仰したら、自分がつくって自分が何でもやってそして滅ぼしてもいいという、そういうシヴァ神の性格を、自分が悟ったから実行していいと考え出したんだね。だからこれは結局、自分がシヴァ神の役を代表してやろうとしたという事になるから、つまり何でもやり得ると。現象界を自由自在にやれるその一つの証拠が、空中浮遊であるというんだけれども、あれは空中浮遊ではないんで、要するに座布団の上で飛び上がっただけですから（笑）。何かの錯覚と、信ずべからざるところを信じた。要するに劣等感があった麻原さんが、それをそういうふうな信仰で、劣等感を克服しようとしたという焦りというか足掻きというか……　それにまた引っかかった人は、要するに迷っている。やっぱり同じ様な種類の人達が集まりますね、類を以て集まる法則がありますから。要するに現象肯定、現象主義者、つまり唯物論の一種の変形なんですね。神様という言葉を使っているけれども、目的の為には手段を選ばないというのが唯物論の通則です。だからそれをやり出して、そして自分の命令に従わないものは、処罰する力も自分にあると思って、そしてその為に人の恐怖心を利用する……

それからもう一つは最後の審判の考え方の間違い、これが二重写しになっていますね。つまり最後の審判があると、ハルマゲドンと称する、春巻うどんみたいな（笑）、そういうものがあるというものの考え方、それを何処かから借りてきて信じたんでしょうね。最後の審判が本当は最後ではないという事は、『新編 聖光録』の十九頁に『〝最後の審判〟に就いての神示』として出ています。だから最後の審判という一定の時期に、そういうハルマゲドン……ハルマゲドンというのは黙示録の中の十六章に出てきますが、ヨハネという当時の預言者といわれる人が、霊視というか、霊的な姿を見るんですね。霊界の様子なんかを見るわけだけれども、何処まで本当かどうかは分からないんだが、幻想的に見るその霊界の、善と悪との対立の争いの世界を見るわけですね。その大戦争を起こす為に、そこへ悪い人達も集まる。それを霊界のいい人達が攻撃して大戦争を起こす場所の名前なんです。それが最後だかどうだかそんな事は分からない。ただ最後というのを勝手につけている。黙示録の中に「アルパなり、オメガなり」という所がある。これは神様というのは最初にして最後である、つまり最初でもあるし最後でもあるんだから、本当は最初もなければ最後もないんですよね。だから最後があって最初があって、夫々離れているというそういう神様は実在していないのに、最後の所だけをとって〝最後の審判〟としてしまった訳ですね。だからこれは間違った神観です。それで最後の戦争なんてそんなものはあるはずがないし。本当は、神様というのは時間・空間を超えたアルパにしてオメガなるもので、それを勝手に最後のオメガだけをとって最後の審判とした。そうじゃないんだという事がこの『〝最後の審判〟に就いての神示』に書いてあるでしょう。

『キリスト再び臨《きた》りて審判《さば》くとは今のことである』

最後の審判と称するのは、結局これは今の事であると。いつでも今、今と、今がもうすでに最後の審判なんだと。

『キリストとは肉体にあらず、「真理」である』

つまり真理がいつも現在してそこに心の法則が現れて、いい事をしたらいい結果が現れるし、悪い事をしたら悪い結果が出てくる。大根の種を播いたら大根の芽が出てくる。要するにそういう事がいつでも、種を播くのはこれが最後だというそんな馬鹿なことはないわけで、大根を収穫するのはこれが最後だという事はないですよ。さらにキリストの再臨というのは、キリストというのが真理その事である。キリストとは肉体に非ず、肉体を持ったキリストでも何でもない。だから肉体を持ったキリストの再臨があるなんて事はない、という事が明らかに書いてあります。

『キリストとは肉体にあらず、「光」である。肉体のわれの臨《きた》るを待ち望むな』

肉体のキリストが出てくるなんて待ち望んだらいけないと否定してありますね。

『吾れは既に此処に臨れるに非ずや』

今もう既に真理が天降っているではないか。真理の充満している世界があるではないかと言っているんですね。

『吾れは道である、真理である、光である。「真理《われ》」来って虚妄《まよい》を審判《さば》き』

虚妄を審判くという言葉を使っている。審判くという言葉を使うとそういう事になるのです。

『「光」来って暗黒《やみ》を審判き』

これは暗黒が消えることなんですよ。光りが来たら暗黒は消えるでしょう。消滅する、無い、無が現れて来る事を、審判くという言葉で言われる場合もある訳です。神が審判くと言ったらそういう事になるね。だから裁判所の裁判官が裁くとは、ちょっと違う訳です。

『すべての虚妄《まよい》と暗黒《くらき》とを地獄の火に投げ入れてこれを焼き滅ぼす』

まあこういう言葉を使う場合もあるんです。虚妄を地獄の火に入れて焼き滅ぼす。そういうふうに表現する、古来宗教的にこのような表現が時々使われてきた。

『今こそ最後の審判であると知れ』

今こそというのは、常に今ですよ。いつもが最後の審判である。だから毎日毎日が最後の審判であるというのですから、最後ではない訳ですよね。

『されど恐るる勿れ、吾が宗教《おしえ》は恐怖の宗教《おしえ》にあらず。虚妄《まよい》を焼かるる者は却って生き暗黒《やみ》を焼かるる者は却って光をあらわさん。病いは癒やされ、悩みは消えん。焼かるる者は「汝」にあらずして、「虚妄の汝《にせもの》」であるからである』

虚妄の汝が焼かれるので、地獄の中で焼かれると言っても、それは虚妄の自分が消えていくのであって、本物が現れてくるのであると言っているのですね。

『「虚妄の汝」は神より出づるにあらず』

神様がそんな虚妄の、迷っている人間をつくっている筈がないじゃないかと神示にはあります。

『神より出でざる汝は実在にあらず』

そんなものは実在でない。生長の家の真理そのものがここに説かれていますね。

『実在に非《あらざ》る汝はその真相を暴露して消滅せん。わが臨《きた》るは「真」と「偽」と、「実在」と「虚妄《こもう》」とを選《よ》り別けて、「偽」と「虚妄《こもう》」とを永久に非実在の中に葬《じごく》りて封印を施さんがためである』

非実在とはつまり無いものの事、へんちきりんな世界はみな地獄なんですね。

こういうふうに文学的というか宗教的な言葉を随所に使いながら、『〝最後の審判〟に就いての神示』が説かれています。これは生長の家が昔から説いてきた教えそのものでありまして、この話は平成七年七月号にも発表した。全国大会の時にお話したのでして、平成七年の全国大会に来られた方はすでに皆ご存知でありましょう。

11 痛みとは何か

●五歳男児の脳内出血が奇跡的に治ったが原因が知りたい

N（女）今年の正月に、五歳の男の子が脳内出血で緊急入院しました。私は半紙に一所懸命『甘露の法雨』を書いて、その子の枕もとに置きました。その子は入院した時点で言語障害と右半身が麻痺しましたが、奇跡的にも十八日間で退院出来ました。痛み止めも全く効かなかった子供が、十日目にして歩いて電話を掛けるようになってきたんです。医者や看護婦は驚きましたが、異常がみられないという事で退院になりました。院長先生から「今年一年は学校を見合わせなさい。右半身の麻痺はリハビリで治ります」と言われましたが、その子は完全になって小学校に入学しました。それで病院側と患者側が対立しているんです。

清超　どうしてですか？

N　病院側は、どうしてもその不思議な頭を切りたいんです。医者は絶対再発すると言いますが、患者側は聖経を枕もとに置いて、再発は絶対ありえないと言います。というのは十五年前の私のお産の時、お医者さんから不可能だと言われましたが、母がさらし一反に『甘露の法雨』を書いてくれて、無事出産できました。その体験をその方は知っていて、助けてくれないかと……

清超　その方とはどの方なの？

N　脳内出血した五歳の子は近所の子なんで、その子のお母さんです。

清超　あなたの子じゃないんですか。

N　はい。そうじゃないんです。

清超　そうですか。ほー、それで？

N　それで、五歳の子は絶対に再発しないという信念のもとにいますが、どうして脳内出血を起こしたのか、その原因を教えて下さい。

清超 それはあなたの近くのその母親に聞いてごらんなさい。どういう家庭状態だったかは、あなたから間接的に聞いただけでは、私にはちっとも分からないからね。原因はやっぱり家庭内の色々な問題にあるでしょうから。だから原因が知りたければ、本人さんに聞くほか仕様がないね。

N 大変仲の良い夫婦ですが、(再発を) 起こさせないのにはどうしたらいいかと思って。

清超 どうしたらいいかって、夫婦仲が良いか悪いかは、外からはよく分からないよ (笑)。ただ、そういう事は有り得る事だし、それからそんなにお医者さんが切りたいと言っても、子供ですから親御さんが、「そういう必要はありません」と言えば、その手術は出来ない事になってますから、ご心配はいらないですよ。また脳や頭を切ってみても原因が分かるという訳でもない。オウムさんでも穴を開けて電気を加えたりしたらしいが、あんな馬鹿な事をしたら、あほらしい。だからあなたは何も心配はいらないです。そのお母さんには生長の家の信仰をお伝えになっているんでしょう?

N はい。

清超　伝えてあればいいですよ。さらに生長の家の会合に度々おさそい下さい。

N　はい、分かりました。ありがとうございます。

●ヘルニアで入院、手術後の肛門が痛み治らない

N・J（男）　昨年の一月にヘルニアで入院しました。手術した後から肛門に痛みを感じ始めましたが、外科的に診ても痔の系統は何もないという事でした。しかし座っていて左の臀部、膝小僧と左の大腿部が常に張っているので、お医者さんに「こんな状態で退院しても何も出来ないから、もう少し入院させてくれ」と言いましたが、女房も一緒に呼ばれて、「後は訓練をして少しずつ痛みと仲良くしていくより仕様がない」という話だったのです。嬉しい気持ち半分、後ろ髪引かれる思い半分で、昨年八月に退院しました。

秋になって外で歩く練習を少しずつ始めましたが、うまい具合に歩行が出来なくて、少し歩いてはゴロゴロ布団に転がるという生活を何日も続けました。

その内、とにかく会社に行けば座る生活が長いからと思い、なるべく長く座る訓練を一所

懸命頑張りました。でも座って一時間くらいすると痛くて痛くてどう仕様もないのです。

清超　座るというのは腰掛ける事ですか？

N・J　腰掛ける事です。座ってでも同じ事ですが、臀部に圧迫感があると痛みます。横になって臀部に痛みがなくなると、肛門の痛みが自然に消えてなくなってしまう状態でした。

清超　そうですか。

N・J　だから寝るのが一番楽しみという感じでした。私の弟の連合《つれ》いが以前から生長の家にご縁がありまして、暮れに「お義兄さん、この本を読んだらいいよ」と言って『白鳩』誌や『生命の實相』などを送ってくれました。座って読むと痛みがお尻の方に全部行って、いくらいい本を読んでもちっとも頭に入って来ませんので、結局ゴロゴロしながら読ませて頂きました。定期的にお医者さんにも行きましたが、ちっとも変化がないので、これはやっぱり生長の家に入信して、頑張って、それで治して頂くより仕様がないかなという気持ちになって、一月に入会させて頂きました。それでお経も朝に晩に誦げる機会を得ました。神奈川の菩薩練成会を勧められ、座っているのがとてもじゃない状態でしたが、「一日もったら、寝ていてもいいよ」と言われたので、一月には友人に三日間の菩薩練成会に連れて行ってもらい、ゴロゴロ転がりながらご講話も聞きました。

二月も菩薩練成会に参加しましたが、その時は椅子を使ったり、座布団を二、三枚束ねてお尻に敷いてご講話を聞きました。安東教化部長のご指導も受け、お尻の痛いという事、あるいは腰のヘルニアという事は、やはり先祖供養が足りないのではないかという事でした。私は直系のお坊さんの子供ではありませんが、日蓮宗の系統のお寺の出ですので、それなりに朝に晩に鐘くらいチリンチリンと鳴らす様な事は習慣的にやっていました。

会社にも早く戻りたいという思いもあり、「三月には必ず会社に復帰させて頂きたい」という願を立てて、一月から三百三十三巻の読誦修行もやりました。そして三月には一年二ヵ月ぶりに会社に戻る事が出来ました。その時は元気もついて、それなりに頑張っていけるようになり、今年の六月には宇治の練成会にも行きました。

しかし最近会社へ出ていても、またお尻が痛くて仕様がないのです。今度は違うお医者さんへ行って、経緯を話して痛み止めの薬をもらって、二日飲みましたが全然効き目がないのです。それで昨日お医者さんに、「薬は副作用が強いから、一遍に効かないで徐々に効いていくんですか?」と聞いたら、「いや、薬というのは体内に自然に溶け込んで三、四時間すると効いてくるから、痛いのも自然に消えるはずだよ」と。「やめますか?」と言うから、「いや、やめる訳にはいきません。下さい」といってきました。ご指導よろしくお願い致します。

清超　奥さんはいらっしゃるんですか?

N・J　おります。

清超　仲良くやっていますか?

N・J　いや、あまり仲良くありません(笑)。私は愛しておりますが、まあ「愛してる」なんていう言葉は、いい年になって恰好つかないですが、結婚して二十八年くらいになります。その間にノイローゼになったり、胸を患ったりで、女房や子供達に対して「元気でいつも頑張っている良いお父さん」という時代が短かった事が、女房からいつも出る言葉です。夕べも「お父さんは年がら年中とにかくあっちが痛い、こっちがおかしいという事だから、私も嫌になっちゃう」と言われました。そう言われて、今日ここへ来るのはやめようかと思いましたが、言われてもいいから、とにかく頑張って少しでも良いお父さんになろうと、今一所懸命努力しているわけです。

清超　それはいい事に気がつかれました。そして奥さんと仲良く、奥さんに感謝の言葉を言うようにして下さいね。

N・J　上っ面だけの部分で……　共働きで僕の方が夕方早く帰りますので、女房が遅れて帰って来ると、当然毎日「ごくろうさま」という言葉はかけております。かけてはおりますけど、心からそういうふうに言えないところがあると思います。

清超　言葉から先にそう言っているうちに、段々心も本気になって行きますから、それはいいですよ。さらに奥さんと仲良くされると、それはもう全て善くなっていきます。大体痛みというのは腰のヘルニアもそうですが、祖先供養もありますけれど、やっぱり奥さんと仲良くしなさいという警告であると言ってもいいくらいですね。そして感謝の言葉やその表現、感謝の態度、時には色々と掃除をしてあげておいたり、ちょっとした事で仲良くなっていきますから、しっかりやって下さい。

それから痛みというのは治す働きなんです。治す働きが大部分なんでして、医者の手術の様子では、ちょっとどこかの神経を痛めたという事もあるかもしれません。そうでない場合でも、痛みというのは相当続くんですね。傷口がよくなっていても、筋肉の具合や、骨の具合をよくするために痛みというのは必要なので、そうしていつの間にか元通りになっていくんですね。だから痛みをそんなに恐れる必要はないし、最初のお医者さんが「痛みと仲良くしなさい」と言われたのは、非常にいい言葉じゃないかと思いますね。

痛みというのはいいんでありますよ。頭が痛いという場合でも、頭が痛いからあまり方々へ出歩かなくて、自然にその人の行動を制限する。ゴロンゴロンとしていると、それによって風邪が早く治ったり、早く治るばかりでなく他人に伝染させない、ウイルスをふりまかないという抑制効果もある。だから痛みというのは決して悪い事ではないのであります。だから痛み止めの薬はおやめになった方がよろしいね。それはただ神経を麻痺させるというだけの話で、どんな場合でも、痛み止めの薬は出来るだけ使わない。手術する時などはやむを得ませんが、それ以外の痛み止めはやらない方がいいです。歯でも痛くなったら痛み止めじゃなくて、歯の根本的治療をされるというやり方がよろしい。いいじゃないですか、あなたもよくご存知だし、一所懸命聖経読誦をやってらっしゃるから、必ず夫婦調和して、腰の方も次第によくなると思いますね。

●三ヵ月の次男の右腕が麻痺／神はどうイメージしたら良いのか

T （男）二つ質問します。一つは、子供の事で神想観と『甘露の法雨』を誦げていますが、次男の右腕が麻痺していまして……

清超 何歳ですか？

T 三ヵ月です。それで神想観と『甘露の法雨』のお蔭で、肩までは何とか上がるように、動けるようになりました。

清超 医者に診てもらったんですか？

T はい。手術したら治ると……

清超 何という病気だって？

T 分娩麻痺です。

清超 ああ、分娩する時にちょっと引っかかったとか言うようなことね。

T それで、練成会では祈りの時に完全円満である事を思って祈る様に教わりましたが、どういう祈りのことばでやったらいいのでしょうか。もう一つは、本の中に「神は真・善・美の実体である」とか「生長の家の大神」「住吉の大神」と、神がいろんな形で出て来ますが、神想観の実修の時は神をどの様にイメージしたらいいのでしょうか。

清超 祈りのことばは、それは一番自分にふさわしいと思われるのを好きなように祈ればいいので、「完全であります。○○ちゃんは完全円満、お利口で元気で素晴らしくて……」などと、自分の気持ちに一番ぴったりしたことを祈ればいいのです。断定的に祈るんですね。まだ三ヵ月でしょう？　だから練習していけば、三ヵ月くらいだとまだお腹にいる時と同じ様に、ちょっとした事があるかもしれないけど、これはもう充分よくなりますから大丈夫ですよ。毎日神想観をし、『甘露の法雨』を読誦していけば大丈夫。あなたも夫婦仲良くしてね。夫婦仲良くというのはとてもいいですよ。両手というのはやっぱり夫婦を現しますから。奥さんは生長の家を知っているんですか？

T 六月に初めて練成に参加しまして、今は夫婦共々やっているところです。

清超 それならとてもよろしいね。

T 神というのはどういうふうにイメージしたらいいでしょうか。

清超　神というのは、諸法実相といって、太陽も神だし、凡ゆる全宇宙が全て神で、山川草木国土が全て神と言ってもいいわけです。だからあなたの一番素晴らしいイメージ、気持ちのいいイメージを自由に描いて、毎回同じでなくていいのです。「神のいのち流れ入る……」というふうに、念じて呼吸する。あなたの独創的なイメージで結構ですから、ありありと実感できるようにやっていけばいいですよ。こうでなくてはならんという事はないのですから。こう祈らなければいかんという所がないのが、生長の家の善い所であり、頼りない所でもありますね。（笑）

12

明るい人生観

●自分の人生は自分が作る

K（女）　生長の家をやっていた母は昭和五十年に亡くなりました。翌年生まれた初孫は自閉症で喋《しゃべ》れませんでした。国立の養護学校へ行き、今は高校を卒業して国立の施設に入っています。孫が小学二年生の時に息子は離婚しました。嫁は「お母さんは生長の家だから育ててくれるだろう」と言って出て行き、息子から孫を育ててほしいと言われ、私の子供として育てて来ました。生長の家の方から、亡くなった母が私に生長の家になれという事でそういう子供を与えたと教えられました。しばらく経つと、「神様が与えて下さったから、あなたはその子供を通して勉強するんですよ」と言われて来ました。

清超 同じ人がそう仰るの？

K いえ、違う人です。そして最後に私は、「神様は不幸は与えない」という事も信じて、三つの事全部を信じました。私の主人は七十歳で、今回相愛会長を定年で辞めます。四十二歳の息子は離婚して十年経ち、もうすぐ再婚しますが、主人の後を継ぐ話が出ています。それで息子は「どれを信じたらいいか分からない」と言います。

清超 どれを信じたらいいかとは？

K 孫は親が私にくれた菩薩だという事と、神様が与えた菩薩という事です。

清超 あなたの人生は最終的にはあなたが作るのでありますね。

K 私は前世からの事と信じていますが、息子はまだどれを信じていいか分からないと言いますので、息子にどれを教えたらいいか迷っています。

清超 息子さんに教えるなら、このテキストに書いてあるような「神様はそういう不幸は与えられない。人生は全て心で、その本人が作るんだ」という事をお伝えしたらよろしいね。

K　分かりました。早速話してみます。ありがとうございました。

清超　何と物分りのいい人でしょう。助言する人は色々いるけどね。親は色々と教えてくれるが、結局は自分がそれらを受けて、それで自分の人生を作っていく訳です。他人の責任という訳じゃないですね。

●聖典の処分について

M（男）　聖典の処分についてお聞きします。私は地方道場の運営委員をしていますが、生長の家に熱心な方が亡くなり、遺族の方は生長の家をやっていないので書籍の処分に困り、道場へ持ち込んで来ました。昔の『生命の實相』ですが大変素晴らしいのでもったいないと思って開いてみると、赤線などが引いてありました。そういう本を頂いても、道場としてもちょっと困りますので、拝んで古紙回収に回していいのでしょうか？　それも何かもったいない気がしますが、どの様にしたらいいでしょうか？

清超　そうですか、古本の処分ですか、これはユニークな質問ですね（笑）。それはやはりもったいないから、道場でお預かりして新しい人に見せてあげたりしてね。赤線が引いてあるから嫌だと言う人もいるだろうが、赤線、青線結構ですよと言う人もいるから、そういう人に無償で上げてもいい。又お貸しして回覧してもいいしね。色々利用法はあるんじゃないでしょうか。それがどの程度古いか知りませんけれども、いっぱい棒線を引いて熟読玩味した持主さんの愛念のこもった書物ですから、古紙回収に回す以前に、もっともっと生かした使い方があると思いますね。

M　ありがとうございます。それから雑誌の事ですが、古い雑誌をいつまでも持っていても中々見る機会もないので、それはどうしたらいいでしょうか？　私は本をばらして必要な所だけを保存して、あとは古紙回収に出すというふうにしておりますが、その辺も間違っていますか？

清超　いいや、別に間違ってはおりません。それはもうお好きな様になさったらいいのですが、使えるような立派な雑誌等は、なるべく新しい人に回したり、あるいは人に無償で配ったり、色々な方法がある。その程度にもよるが、ボロボロになって古い活字で書いた雑誌だと、もらった人もあまり有難くないかもしれませんね。そういう場合は、家を建てる人やら何やらが柱の下に埋めて、そして家の安全を祈願するという方法もありますね。殊に古い『甘露の法雨』などは柱の下に埋めたり鴨居の上の天井に置いたりして、地震、雷、火事、おやじに備えるという様な事がありますね。「こうしたらいかん、罰が当たる」という事はありませんけども、なるべく生かしてお使いになる事をお勧めします。

M　ありがとうございます。

●生長の家を信仰していない母の、暗い人生観を如何にしたら良いか

H（女）私は知人を通して生長の家に触れました。母と二人暮しですが、母は生長の家をやっていません。

清超　お父さんはいらっしゃらない？

H　今、父は違う所に住んでいます。母は物事を何でも暗い方向へ考えてしまいます。母は、四十年くらい前に一度結婚したことがありました。結婚相手は私の父ではありませんが、日雇いのような建設の仕事をしていました。その人は一日もお金を入れた日がなくて

……パチンコなどでお金を使って、結婚してから家に一銭も入れた事がないそうです。それで母はとても嫌になって、その家から逃げ帰ったそうです。

清超　その方はあなたのお父さんとは違うんですね。

H　はい。それからしばらくして母は私の父と知り合いました。父には奥さんがいて、私は父と母が結婚しないで生まれました。

清超　認知はされているんですか？

H　はい。

清超　それならいいが……

H　母はその人に裏切られてから、「ああいう嘘つきは嫌だ」と言います。

清超　その人とは前のご主人ですか？

H　そうです。その事があってから他人の事も恨んでいます。私が悪い事をすると、その人の事を出してきます。

清超　あなたとは別に関係は無いわけですね。

H　関係はありませんが、気持が暗いから私に当たってしまうようです。

清超　そうですか、昔の記憶でね。それをどうしたらいいかという事ですか？

H　ええ、そうです。

清超　それは生長の家の本を読んでもらう事です。生長の家の会合へ一緒に行ってあげたりするんですね。今お母さんは何をしていらっしゃるんですか？

H　昼は生命保険会社で働いて、夜は違う仕事をしています。借金があって、家は火の車です。

清超　前のご主人さんが残された借金ですか？

H　いいえ、私の教育のためとか、そういう関係のものが多いです。

清超　それでは生長の家の雑誌か本を是非読んでもらって下さい。

H　勧めてはいますが、時間がないと言って読んでくれません。

清超　そうですか。それなら「一緒に読みましょう」と言って、一頁でも二頁でもお読みになったらよろしい。『甘露の法雨』を一緒に誦げたりしてね。神想観はしていますか？

H　母がですか？

清超　いいえ、あなたが。

H　はい、やっています。

清超　じゃあ「一緒にしましょう」と言ってさそうとよろしいね。

H　母は浄土真宗を信仰していて、浄土真宗の理論についても一通り勉強しています。

清超　それじゃあ「生長の家もやりましょう。似たようなものですよ」と言って、そして明るい人生観を持って頂くとよい。あなたはその相手の人を憎まないで、「誰々さんは幸せになっておられます。誰々さんは素晴らしい神の子です。仏様です」という様な、相手を祝福する祈りをやられたらいいね。これは決まった文句はないけれど、『新編 聖光録』の中に何かあるかね……

島崎　『私はこうして祈る』という本の中に祈りの言葉があります。

清超　ああ、『私はこうして祈る』という本の中に色々あるが、さらに又自分で作って創造的にやられたらよろしいですよ。とにかく、あなたがお母さんの善いところ、有難いところ、素晴らしいところを見つけて下さい。いっぱいあるでしょう？　お母さんは色々御苦労されたんだから、あなたがお母さんのそういう有難いところや、素晴らしいところを認めて、感謝して、あなたがお母さんを讃美したら、お母さんも他人を讃美するようになります。お母さんも色々と苦労されたんだろう、どうかしっかりやって下さい。

H はい。どうもありがとうございました。

●風邪のウイルスが脳に入ってしまった

N（女）十一年前に大きな病気をしました。

清超 どんな大きさでした？

N 風邪のウイルスが、脳に入ってしまいました。

清超 で治ったの？

N ええ、元気になりました。生長の家には二年くらい前に触れて、日めくりを色々なところに置いて、毎日めくっています。

清超 種類の違うものですか？

N いろんな…… 毎年のものです。

清超 生長の家の日めくりですか？

N　もちろんです（笑）。毎年書いてある文章が違っているので、四、五冊ぐらいありますが、トイレや寝室に下げています。

清超　感心ですね。

N　それを毎日読んでいて、雅春先生や清超先生のお名前が出て来る度に先生のお顔が浮かんで来ます。そうするとすごく元気になってきて、病はなく薬を飲まなくてもいいと思う様になって来ます。今でも薬は飲んでいますが……　病院で飲めと言われて、飲まないといけませんから。生長の家が大好きなので、薬は飲まなくてもいいと思っていますが……

清超　何という病院へ行ってらっしゃるんですか？

N　共済病院です。

清超　病気になられた十一年前から同じ病院へ通ってるんですか？

N　病院は変わっています。一度運ばれたのは埼玉県の大きな病院でした。

清超　あなたは独身ですか？

N　三十三歳の既婚です。

清超　ご主人はいらっしゃるんでしょう？

N　はい。

清超　お子さんは？

N　薬を飲んでいるので、主人は子供を作るのは薬をやめてからと考えています。

清超　ご主人はお医者さんか何かですか？

N　いえ、違います。ただ主人の姉の旦那さんがお医者様です。

清超　何という病気なんですか？

N　何という病気かよく分かりません。心臓に入ったら死んでしまいますが、脊髄に入ったりすると下半身が駄目になったりします。脳に入り二十日間意識不明になって、お医者様は「助かっても植物人間かどこかに異常が現れるから、もうだめです」と親に言ったそうですが、こんなに元気になりました。

清超　何年くらい前に結婚されましたか？

N　三年前です。

清超　まだ新婚ですね。

N　新婚になるのでしょうか？

清超　十一年前の病気があるくらいなら、三年ぐらいなら新婚になる……

N　そうですか。それよりも、日めくりを見る度に文章とその横に書いてある細かい文字も読んで、「何ていい言葉だろう」と思っていて、そんないい文章を書かれる先生と今お話ししている、それだけでいいです。

清超　それでご主人は良いご主人だと思うが、生長の家を知っていらっしゃるんですか？

N　してません。

清超　じゃあ、生長の家を伝えてあげて下さい。

N　主人も日めくりを見て、とてもいい文章だと言ってます。

清超　あなたは月刊誌などは取っていますか？

N　取っていませんが、主人の母が生長の家です。それで私も触れました。

清超　そのお母さんはまだいらっしゃるんですか？

N　はい。月刊誌とか送ってくれます。

清超　それじゃあこれから月刊誌を定期的にお取りになって、ご主人にも読んで頂いたりして、「とてもいいところがある」と言って、分からないところを見つけて、「これはどういう意味でしょう？」とご主人に聞いたりすると、一所懸命読んでくれます。ウイルスというのは薬では治らない、ウイルスを殺す薬はないから、人間の癒す自然治癒力を活発化するとよろしいね。だからウイルスの病気であったから、今もまだ薬を飲まなきゃならんという事はありません。お止めになりたかったらお止めになって、ご主人と仲良く明るい生活をされたら、今のあなたぐらい元気になられたらもう大丈夫です。

13　感謝の範囲を拡大する

●左目が見えなくなる

O（女）　左目が見えなくなり、横浜の東邦医大で診てもらいましたが、全然駄目と言われました。

清超　何という病名ですか？

O　ちょっと分からないんです。

清超　ほう、カルテに書いてあるはずだけどねぇ。目が見えないと……

O　あの、以前から生まれつきで……

清超　生まれつき見えないの？

O　はい。

清超　そうですか。左は全然見えないの？

O　はい。

清超　そうですか。では、右目がある事に感謝して、今までのように右目に大いに感謝しながら、世の中の明るい所を見て、次第に感謝の範囲を拡大して行くんですね。人に深切をして、少しでも喜びになる真理を他人に伝えるようにして行かれたらよろしいね。世間には色々な障害を持って生活される方もいるんですからね。まぁ最初から見えないなら、やっぱり見えないかもしれない。だから、左目が見えなければ右目に感謝して、目が見えなくなったら鼻や口に感謝して、耳が聞こえる事などに感謝する。まだ人間にはいくらでも能力があるのですからね。右手が利かなくなった人で、左手だけでピアノを練習して演奏会をしたという人がいつか新聞に載っていたね。手が二本無い人だっているんだから、あなたは右目がある事に感謝して下さい。そしていつも光明面を見る心で、教化部長さんからの教えをよく聞いてやって下さい。

O　はい、ありがとうございます。

●教化部建設の募金について

Y（男）○○教区では、三年前から教化部会館を建てようという事で募金を始めました。現在の教化部はバラック建てのボロイ建物なんです。建ててから二十年経ち、床が抜けたり壁もはがれたりして、とても生長の家の建物のように見えません。それで募金をしていますが、なかなか集まりません。他の教区では、一人が少しの金額でも沢山の人々が寄付するので大きい建物が建ちますが、○○の場合は一人がその三倍、四倍を出しても建たず、まだ見通しが付かない状況にあります。本部では、かつてクルド人の難民、普賢岳の噴火、神戸の震災など色々助けていますが、○○教区も一所懸命やっているので、教化部を建て直すのを少しでも助けてもらえれば幸いなんですが、宜しくお願い致します。

清超　なるほど、教化部建設や修理などは各教区で行われるし、またその募金を勧める計画の段階からさらに進んでいよいよ建設する事になったら、ほとんどの教区に本部から援助金を出しておりますよ。最初から「これだけ出すから」という約束をしていないのは、そうすると募金の集まり具合もあまり進まないだろうし、また皆さんが各地で本部だけに頼るということになると、かえって本部全体の出費が増えて、いろいろな光明化運動の資金や運動計画にも影響が出て来ますから、最初から出すという訳にはいきません。

しかしそういうのはいろいろと募金計画やその規模などが教区の役員会で決められて来れば、それが〝合理的である〟という事なら、それはもう将来はこういうふうにして、いよいよ建てる時はこれだけの援助をしましょうという計画は、正式の本部理事会や役員会で決定致しますが、個人の質問に対して、これだけのことの約束をするという訳にも行かないのでね。ただあなたの教区では昔からある地所やら何やらの問題で、そこへどうしても建てたいというその地所は、地主さんがなかなか手放してくれないとか、貸してくれないとか色々の問題で行き詰まっているという事情は、理事の方々の間ではよく承知されております。だから全く何の援助もしないという事はありませんから、ご安心なさって下さい。

それで教化部会館のボロの話でありますが、建物というのはあまりきれいでなくても、その内容が充実してくると素晴らしく立派な業績が上がって来るもので、この練成道場でも外から見るとあまり立派な建物ではないが、段々内容が充実してきて、そして多くの方々が喜んでお集まり頂いている、発展の気運が出て来たと言って総務さんは喜んでおられた（拍手）。まぁそんなわけで、練成道場や教化部は、各地の運動の拠点になりますから非常に大切な所でありますが、中にはまだ小さい所もある。大きすぎて困る所は先ず無いようですね。そういう事はやっぱり、大きくてもいつも空席があって、もったいないという様なのは、業績が伸びていかない一つの現象でもあるのですね。

ところが本当はどんどん活発に光明化運動が進んで、そして集まるところがせまくて不足するというぐらいの状態の方がいいのです。〇〇教区がそういう事で色々と考えておられたので、あそこの隣の土地ではどうだという話をした事もあるんですが、その時は「あそこは県庁所在地でないから嫌だ」「少し遠いから嫌だ」という、そちらさんの役員の方々の判断がありまして、あそこの隣の土地は今も宙ぶらりんの状態になっているわけですけれどもね。だからそちらさんの好みもあるし色々の方針や計画もあるので、一概に生長の家の本部が放ったらかしにしているという事はありません、どうぞご安心下さい。（その後この教区にも

立派な会館が建設された）

●膵臓を患って入院、退院後足が悪くなる

N（女）二ヵ月くらい前に膵臓を患って入院しました。

清超　あなたがですか？

N　はい、けれど今は退院しました。入院中は点滴のビンを片手に持ちながらトイレに行ってもどうもなかった膝が、今は何かに掴まらなければ立てないくらいに痛くなったんです。電気治療やら何やらしていますが、足が痛いので神想観が一番辛くて、足をモジモジせんといかんのです。

清超　そうですか。神想観が慣れない場合は足が痛い事もありますし、殊に足をちょっと怪我したり挫いたりした時には、椅子に腰掛けてやられても結構ですよ。

N　はい。だけど入院中はどうもなくて、退院してから痛いのはどういう具合かと思いまして……

清超　入院中はどうもない。それが退院して痛くなった……　それはそういう事もありますね。安静にしたため運動不足になったせいもある。何しろ入院したのは、膵臓で入院したんでしょう？　足で入院した訳じゃないでしょう？

N　そうです。だから病院での治療は、膵臓の治療だけしかしてないのです。

清超　だから膵臓とは関係なく足が痛くなったのでしょうね。足が痛くなったという事は又別の原因で、挫いたか、何処かへ引っかかったか、降りる時に何処かでちょっとバランスが崩れて具合が悪くなったとか、そういう事がありますね。だから痛いという事については、まだあなたは今も立って質問しておられるぐらいですから、立ち上がられた訳です。だからそんなにひどい状態ではないと思いますが……

N　一直線に歩くのはどうもないけど、立ち屈みが不自由なんです。

清超　それはそういう事もありますわね（笑）。炎症を起こしている訳じゃないでしょう？

N　整形に行ったら、骨粗鬆症《こつそしょうしょう》で骨がぼろぼろになっていると言われました。

清超　そうですか。それではそういう骨の予防をされるのもよろしいね。骨粗鬆症の場合はずっと以前から食生活の中でカルシウムが不足している訳ですからね。これからもカルシウムを適当に摂られるとよろしいね。骨粗鬆症の場合は、ある時期から痛みが出てくる事が多くありますから、殊に女性の方は骨粗鬆症になりやすいですね。だから平素の食物なんかにも気を付けて、カルシウム分や食物繊維などをよくとって下さい。そしてそんなに恐れる病気ではありませんから、カルシウムでも錠剤で補助的に飲んでも構いませんね。

そして又痛いというのでもある程度の痛さというのは、これは治す働きですから、そんなに恐れる必要はないのです。「危険だよ」という警報みたいなものですからね。「今までのような食事ではちょっと成分が足りないよ」というような警報ですから、カルシウム分のよくあるような食事をお摂りになって下さい。毎回バランスの取れた食事を一日三回とるとよろしいね。

そして精神的に言いますと、骨というのはやっぱりご祖先に関係しますから、ご祖先供養をよくなさいまして、それから家族の方々とも仲良い状態をお作りになるのも非常に必要ですね。関節は家族関係の良否をよく表現してくれます。

N そうですね、長男とはよく揉《も》めていました。私は蒲鉾《かまぼこ》屋なんですが、仕事の関係で、長男が「ちょっとお母さん、こうなっているのを何とかしてくれ!」と言いますが、「忙しかけん、そがんことされん」と言って、頭からはねていました。それが現れたと思うんです。

清超 そうですか。長男さんも蒲鉾を作っておられるんですか？

N はい、一緒にしています。

清超 それはいいですね。息子さんと一緒に仕事が出来て非常に幸せですよ。ご主人は？

N 主人も一緒なんです。

清超 あー、これはもう益々よろしいですね（拍手）。そういうあなたの今の環境に大いに感謝して下さいね。蒲鉾というのは衛生上にも又良質のタンパク質を供給するのによろしい食品ですね。とても人々のためにもなるお仕事です。蒲鉾というのはいいですよ。料理の仕方でとても美味しくなるし、そのまま食べても美味しいしね。良質の蒲鉾をどうぞ心をこめて作って下さい。

N どうもありがとうございました。

●宇宙霊と自然霊との違いについて

T（女）宇宙霊と自然霊の違いについて教えて下さい。

清超 宇宙霊というのは何処かに出て来ますか？

T 本で読んだ事があります。

清超 どの本にあるんでしょうか？　これは先ず荒地さんに聞くかな。荒地先生、どうぞ一つ。宇宙霊というのは何だろう？　生長の家の本に何かあるかね？

荒地 私もちょっと記憶がないですが、質問された方にお聞きしたいのですが……

T ずっと以前に読みまして、これは分からないからいつかお尋ねしようと思っていました。本の名前は忘れましたが、ずっと以前に宇宙霊と自然霊の事を読みました。その内調べておきます。

荒地 調べてまた私の所に来て下さい。

T ありがとうございます。

荒地 すみませんでした。

清超 自然霊というのは聞いた事はあるね。自然霊というのは、霊界の色々の生物の中の、人間の霊ではない動物の霊とか、植物の守り神。昔から牧神とかフェアリーと言って、フェアリーというのは聞いた事あるでしょう？　西洋ではよく物語や詩に出て来て、妖精と訳したりするね。昔の絵画にも出て来る小形の霊です。ああいう様なのが自然霊ですね。それは又人間に協力してくれたり、人間が植物なんかを迫害して、どんどん森林を伐採したりしていくと、遠くへ逃げて行ってしまって、そして悪い事をするという訳ではないが、人間を援助しなくなってしまうという様な、そういう自然界の守り神みたいなものですね。それから神社にお祭りしてある時には神社に住んで、例えば稲荷神社のお稲荷さんのお使いの〝おきつねさん〟と言っていたのも自然霊です。本当の狐という動物じゃなくて、自然霊のきつねなんですね。霊的なきつねで普通は肉眼では見えない。だからそういうようなのも自然霊という中に入るので、自然霊というのはちゃんとして使われていますが、宇宙霊というのはどういう意味で使うのか、書物によって、その場所によって、その使い方があるでしょうね。だから本当の「霊」つまり「神様」の意味での霊という意味に使うかもしれないね、その宇宙霊というのは。（その後「宇宙霊」はすなわち「天地の本源神」「神様」という意味に使われてあることが明らかになった。新版『幸福を招く365章』の一四一頁、新版『栄える生活365章』の三二三頁、新版『心と運命』の二〇九頁、新版『真理』の二巻三三三頁）

14　人間の命の大切さ

●愛行とは何をしたらよいのか分からない

A（女）　今度支部長のお役を頂戴いたしました。ご本を読んで、少しでも人様の為に愛行をする事が素晴らしいと知らせて頂きましたが、どういう事をしたらいいのかが分からないんです。

清超　白鳩会を沢山の人にうまく紹介する拠点として、殊に活躍して頂きたいという方が支部長さんになられますね。それはただ単に生長の家の教えを自分で信じて行じていくというだけではなくて、少しでも多くの方々に知って頂きたいというので、支部長さんになられた方は、会員の方々や支部へお集まり下さる方々に助言をしてあげたり、場所を提供してあげたりする。そして何処かでお集まりになって、定期的に輪読をしたり、講師の資格をお持ちならば色々な所へ出張して行かれたりという事もされるのです。

支部長さんとしてはこのようなお世話が大切ですね。それから講習会やら講演会やら色々な会合がある時には、何人かの方に参加して頂くようにお勧め下さるとか、そういったお世話をされる方ですね。つまり菩薩行をやられる訳ですよ。自分が知るだけではなく、人様にも知って頂こうとする愛深い行動をされるわけでありまして、こうして支部長さんをやっておられると益々善徳が高まり、善業が増え、善い行いが加算され、将来素晴らしい福徳が天下ってくるという次第です。

A　ありがとうございます。

●夫婦別姓に納得がいかない

Y（男）　新聞やテレビで、夫婦別姓の立法化が進められているように拝聴しますが、どうしても納得が行かないので、総裁先生の御指導、御助言を頂きたいと思います。

清超　そうですね。別姓にしてもいいという法律でありまして、どの程度法律になっているのかよく知りませんが、別姓が認められるという事は、それは特別に希望される人にそれが認められるので、普通は同姓がよろしいという事は変わりないのです。だから子供さんがどちらの姓を継ぐかというような事は、やっぱり子供さんは別の姓ではない方がよいという法律になっているのか、なんかそんな案ですね。だから名は名だからやっぱり姓は同じ姓の方が都合がいいんですが、仕事によっては昔から使っている姓でやりたいという人もいて、それはそうなってもいいという。それでもいいが同じ姓の方が都合がいいと思いますね。

しかし堕胎の場合は反対だという事は言えます。これは生命尊重の立場から言えるんですね。堕胎は法律で、妊娠何週間から何週間までは、正当な理由があれば堕胎していいという事になっているけれども、宗教的には反対である。それは宗教的な意味で殺人になるから、堕胎はしないで生みなさい、せっかく神様の子の命が天下っていて、それを親の都合で殺す事はよろしくありませんという事ですね。現にアメリカの大統領選挙でも、プロチョイスとプロライフという二つの問題が議論になっておりまして、プロチョイスというのは、堕胎するかしないかを選ぶ権利があるという方の賛成者がプロチョイスですね。プロライフというのは命を大切にするという意味で、命の尊重の方を取る人をプロライフと言います。

姓名の場合は、結婚しても変わらない国がたくさんあるんです。結婚しても以前のままの姓名でいくという国と、お父さんお母さんの名前も入れて、姓と名だけじゃなくて、その中間にいろんな名前が入った、同じ名前が二つも入ったアラブ地方の人など、そういう事を法律的に選んでいる国もある。日本は男性の所へ女性がお嫁に行ったら、そのお嫁に行った先の姓を名乗るという事が原則で、男性が女性の家へ婿養子に行った場合は、家付きの娘さんの姓を名乗るというのが原則であったんです。特別な時など裁判によってそれが変えられる事もあったようですがね。今度改正されるとすると、結婚の時に割合自由に選べるという様な改正ですね。だけどこれは、その家のお祭りをするという場合には、「○○家先祖代々親族縁族一切之霊」という「○○家」という場合は、一つの同じ姓でありますと便利がよろしいね。

私はもとは荒地という姓の家の息子でありまして、それで荒地清超といったんですが、結婿するときに谷口家へ婿養子に来ました。それで谷口清超となって私の姓は変わったけれども、これはその当時の法律の通りをやったんですね。姓が変わると多少不便な所もあるが、慣れてしまえば何という事もありません。谷口清超の方を知っている人が多いですからそれでいいんでありますが、私は姉が一人いただけで嫁に行ったから、荒地家は長男がいなくなった。それでそこが途絶えると具合が悪いというので、荒地の母の方が心配した事もあるが、荒地浩靖さんが継いでくれる事になって、荒地さんの家族が荒地姓になった。

これは有難い事で、私は非常に感謝している次第です。そういう意味で、本当はやっぱり夫婦同姓がよろしいですが、特別の事情で、職業上で名が売れて、昔の姓がいいという人には都合のいい制度になるかも知れない。お祭りをよくやるという事が非常に大切なので、姓が変わってもお祭りはしっかりやって頂きたい。お祭りする場合は、生長の家では御主人の父方母方、それから奥さんの父方母方の四つの姓をお祭りしますね。だから生長の家ではたとえ姓が変わっても変わらなくても、夫々の姓のご先祖様をお祭りするというふうにしていますから、これは法律の如何を問わずそうするのが一番よろしいという事です。

Y　ありがとうございます。

●諸天諸神、個人霊はどんな御加護があるのか

S（男）　生長の家に入ると、絶対神である住吉大神様の御加護を得るという事は母からも聞いてましたが、勉強してみると月に一回は産土神様へお参りしなくてはならないと書かれている所があります。その産土神様には、「諸天諸神《じん》が働いて」という事があります。聖使命菩薩讃偈を読むと、菩薩の働きがありますが、そのようなところの諸天諸神、個人霊も含めてどのような援助をしてくれるのかを疑問に思っています。

清超　そうですか、難しい話ですね。三界には「欲界」「色界《しき》」「無色界《むしき》」とありまして、低い霊界から段々高い霊界になって、無色界の高いところを天界といいますね。それから霊界、低い方を幽界というけれども、その辺の区別というのは、波動を測定して、ここから先はこうで、ここから下がこうというものじゃありません。諸天諸神の神《じん》というのは、霊界の割合高い方々をいいますね。天界の方《かた》というのは天人ともいう、高くていい事をよくやってくれる霊魂の事をいう。そういう霊界からの援助の種類は色々ありまして、その人の信仰の

程度に従って、地上の生活をしていらっしゃる方の信仰の高さ、或いは深さ、行の厚さに従って、適当な天界の方々、霊界の方々がそれに感応して、それに必要な事を色々とやって下さる。霊界・天界にもそれぞれ今までの魂の経験が色々ありますから、特徴のある特異の技術的な援助をされる方もあるわけですね。例えば音楽家でいらっしゃる方は、音楽の演奏の時に音楽的経験のある霊界の方々が援助して下さって、素晴らしい名演奏が出来るとかね。そういう事はその時その時にあるわけですよ。だからその種類は、どういう援助をどういう人がするということは決まっていないし、またそれは分からないね。それは普通の人でもそうですよ。誰がどういう援助をしてくれるかね。

例えば我々が道に迷った時に、地図を示して「ここへ行くんですがどうしたらいいでしょう?」と聞いても、知っている人に聞けば答えてくれるが、知らない人に聞くと「いやー私は知らないので……　こっちの方じゃないかと思いますが……」と、漠然と教えてくれるという事もある。私はだいぶ前にロサンゼルスの街を歩いていたら、アメリカ人の顔をした人に道を聞かれましたが、「いやー私は旅行者で分からないんですが……」といって、援助する事が出来なかった。そういう事もあるから、こちらの心が高まって、そして信仰が深まっていくにつれて、いろんな方々の適当な援助があるんでありますね。それはもう「類を以て集まる」のですから、あなたが素晴らしい仕事をして、生長の家の教えをよく伝えて、そして自転車を販売する時も立派なのを販売して、心を込めて修理をしてあげたりしていると、善い霊界の方々が援助して下さいますね。

S　ありがとうございます。

●臓器移植法案について

I（男）国会では臓器移植法案が賛否両論問題になっていて、脳死判定には非常に難しい問題も絡んでいると思いますが、悪い臓器を他人の良い臓器と取り替えるというのは、部分品を取り替えたらいいという唯物論的な発想の感じを受けます。でも世の中には苦しんでいる人も沢山いて、この法案の成立を待望しているという面もあります。この件について御指導を頂きたいと思います。

清超　そうですか、これも難しい問題でありますね。肉体の面だけで言いますと、肉体も一種の道具でありますから、自動車の部品を交換するみたいに悪くなった部品を良い部品と交換する。それも考えようによってはいいのでありますが、自動車の部品は新品を売っていますが、人間の肉体は新品がないですね。皆中古品でありまして、しかもその中古品は、作って使って来られた方々の体質に合うように厳密に出来ておりまして、それを死んでから取り出すという事が多いですね。肝臓なら生きている方の部品を取り出す事も出来るので、親が子に与えたりする様な事もある。しかし心臓や目の角膜とか、それから色々重要な部品は、やっぱり死んでからという事になるね。

そこで死の判定をどこで下していいかというのは、これ又問題ですね。なるべく新しい、新鮮なのがよろしいというのだから、死を判定する場合に、脳死で判定して「移植してもよろしい」という国が多い。ドイツやらアメリカでもそういう判定が多い。だけどもその判定する人が、やっぱり医学的な判定をしますから、判定の仕方では、脳波が0になるというのをどこで打ち切るかという打ち切り方が又問題なんですね。それが国々によって、あるいは観察する人々によってはっきりしていないんですよ。だから非常にあやふやな所がある。それに「脳死だけでいいのか？」という事もあるわけですよ。心臓まで止まってからだと遅すぎるという、移植の技術者の方からはそういう声が出て来るから、「脳死だけでいいのか」と、「それは死をどこで判定するか」という事で、今の日本では、まだ慎重に「心臓死までもって行こう」という人がだいぶ多いから、そういう点で日本は、移植の実行が遅れていたという事ですが、最近は脳死判定で移植されることが行われるようになった。

根本的に言うと、これは趣味の問題もありましてね、「人の中古品まで貰ってこの肉体を長生きさせようとは思わん」という人もだいぶいるんです。私もその中の一人だけれども。肉体が死んだらそれで全部終わりだと思うと、なるべくこの肉体を長持ちさせたいと思うんでしょうね。人の中古品を貰うと、自動車の場合は中古品でもいいですが、肉体の場合は拒絶反応というのがあります。それを薬で抑える必要があるので非常に面倒臭い。他の人の心臓ですから、体は異物が入ってきたと思って拒絶反応をする。拒絶反応というのは免疫反応ですから必要なんですね。それを抑えるわけだが、拒絶反応を抑えると、他の異物が入った場合、例えば黴菌とかウイルスとか病原虫が入ってきた場合、或いは変な砲弾でも入ってきたら、それを拒絶して出そうとする働きをするのですが、拒絶反応を抑えるとそれらも抑えられるんですね。だから黴菌等に対する、感染を防ぐ自然の抵抗力が減って来るわけですよ。

だから移植すると、細菌等を防除するような薬をまた使うとか、色々と面倒な事があるんです。

従って「私はそういうのはいりません。私の身体が駄目になったら、さっさと焼いて下さい。そしてまた生まれ変わって、新しい新品の身体を使わせて貰います」という気持がありますね。しかし移植に賛成で、「どうしてもこの古い肉体を長くもたせたいんだ」というのも結構ですよ。だから外国へ行って移植してもらいたければ、外国で移植しても構わないしね。それはその人々の自由裁量であります。

それよりももっと大切なのは、古い肉体をそれほど長持ちさせたいなら、子供さんが新しく生まれてくる時に、どうしてそんなにやすやすと、「これ、いらんから堕ろして下さい」と胎児の時に堕ろしてしまうのか。素晴らしい赤ちゃん、全て新品の赤ちゃんが出てこようとしているのを知っていて、中古のものを一所懸命にもたせる。それも治療費が非常にかかるんですよ、移植手術は。それは保険からだいぶ出るかもしれないけど、税金がそれに使われる。一方堕ろすのは簡単に堕ろして、古びたのをもたせる事にものすごいお金をかけている。医術としての研究的な面白さはありますけれども、それはちょっとバランスが崩れている。

るんじゃないかと思いますね。そういう点からも、「人間の命の大切さ」と、そして「人間の命はこの地上で、一回で終わるんじゃない」「肉体というのは我々の道具だ」という事を、もっと多くの人に知ってもらい、もっと人間の生命を正しく尊重していくといいと思いますね。

ー　どうもありがとうございました。

15

光明燦然とした信仰を

●物品は売るべき所で

U（女）　私は生長の家一筋の幸せな生活をしております。朝起きて掃除をしましたら、嫁が炊事とか洗濯とか、家の仕事は一切してくれますので、私は講師会に行くとか幹部会に行くとかそういうふうな生活であります。お金も主人の遺族年金がございまして、十二分に頂いております。何の不自由もございません。本当に幸せな毎日です。

清超　体験談発表ですねえ。（笑）

U　今日お伺いしたいのは、私は○○栄養補助食品の営業所をしております。

清超　ああ、そうですか。

U　それで、先日は四国セミナーがありました。つい最近は岡山でセミナーがありました。本当に素晴しいお話をなさるのです。その時は社長も、説明をする人も「○○の商品を買え」とか、「○○がいい」とかという話は一切なさいませんで、全くテーマは生長の家と同じことを言います。先日の和歌山のセミナーでも「人間が幸福になるためには、まず体が健康でなければならない。心も健康でなければならない」というお話をされました。「体が健康になるには、毎日三十品目の食品をバランスよく食べることが必要である。それは○○の商品である」ということを簡単に説明されました。次に「心が健康になるためには先ず与えることが大切である。そして出すことが一番である」というお話を二時間なさいました。私は全く生長の家のお話と同じと思いましたので、本当に喜んで拝聴させていただきました。

清超　ああ、そうですか。それで？（笑）

U　私も十五年以上も食べ続けております。

清超　何をですか？

U　あの……　五つの病気が完全に癒されました。

清超　そうですか。体験談ですね。（笑）

U　ところが、誌友の人のなかや、あるいは私を生長の家に導いて下さった古い人が、先日私に「〇〇商品を売ったらいかん」と言ってとっても怒るんです。

清超　そうですか。

U　「どうして」と言ってもそれが分からないんです。その人は飛田給の先生に相談したそうなんです。私が売っているのをやめさせてくれと言ったそうなんです。それには全く参っております。どうしてそういうふうに生長の家をしておりますのに「売ったらいけない」というのか分からないので、ご指導を頂きたいと思います。

清超　そうですか。私は〇〇商品というのを知らないです。それがどういうものかも知らない。あなたはそれをどこで売られるんですか。生長の家の誌友会で売るんですか。忠告した人はどこで売ったらいけないと言ってるんですか。例えば野菜を売る人は野菜を売るべき所で売っているんですね。それからカメラを売っている人はカメラを売るべきところで売っている。あなたがその商品を売るのなら売るべきところで売ればいいので、売るべからざる、例えば生長の家の誌友会で売ったら、それはいけないですよ。

U　それはあくまでも訪問販売でありまして、お客様が「どうしても欲しい」と言われる場合には差し上げているんです。

清超　差し支えないところで売るなら、その物品が人の役にたつものなら売ったらよろしい。あまり役に立たないものを、売るべきところでない、例えばこういう道場のようなところで売るとかね、それはいけないです。

U　そういうことは絶対にしておりません。

清超　それならいいじゃないですか（笑）。〝汝ら天地一切のものに感謝すべし〟だから、どなたも憎んだらいけません。

U　憎んではいません。その人は本当に八十歳にもなるのにお孫さんのお世話をしたり、編物をして誌友さんに送ったりしてます。

清超　あなたも神一元、その人も神一元だから、いいじゃないですか（拍手）。おおいに感謝して下さい。

U　有難うございました。

●龍宮住吉本宮の上に光の柱を見たが、あれは何か

F（女）有難うございます。私は幸せでございます。

清超 今日は幸せな人ばっかりだね。（笑）

F 実は神様のことをちょっとお尋ねしたいんです。

清超 分かるところだけはお答えします。（笑）

F あの、住吉大神様がこの龍宮住吉本宮にはお祭りされていらっしゃるんですが、住吉大社というところもございまして、そちらの神様も住吉大神様ですね。

清超 はい。

F あの、私の子供が突然お腹が痛くなって動けなくなった時に、お医者さんに診て頂いたら、内科も外科もどこも悪くないと言われました。

清超 そうですか。よかったですね。

F その日の晩に息子が住吉大社でボーイスカウトをしておりました。それで高校のロー

バーまでしておりました。

清超　ローバーってなんですか。

F　ローバースカウトと言って、ボーイスカウトの上なんです。それで住吉大社の神様とは親しいんです。（笑）

清超　親しいんですか。（笑）

F　いつもボーイスカウトでお手伝いに行ったりしてます。

清超　どこの住吉大社ですか。

F　大阪です。それでお腹が悪くなった時に、神想観で住吉大神の浄化の祈りをしたんです。朝早くです。息子にも聞こえてたと思うんです。

清超　その息子さんのお腹が痛くなったんですか。

F　はい。その時に私が浄化の祈りをして、「住吉大社の神様がきっと聞いて下さるから、痛くてもきっと動けるから、動けることに感謝して、お風呂に入りなさい」と申したんです。「痛くてお風呂にも入れん」と言っていましたから。

清超　そうですか。お腹のどの辺ですか？

F　右下腹です。動けないくらいでした。原因が分からなかったんですけど、動けることに感謝してお風呂に入ったんです。

清超　あんたの言うことをよく聞くんだね。何歳ですか。

F　二十九歳です。(笑)

清超　二十九歳でお母さんがお風呂に入れと言えば腹痛を我慢して入るんですねえ。

F　自分が困った時は素直なんです。もとから優しい子ですから。

清超　今お勤めしてらっしゃるんですか。

F　はい。横浜の市役所に勤めております。それで神様は同じ神様だろうと思いますが、そのことをお伺いしたいんです。

清超　住吉神社でお祭りしている神様はみな同じですよ。

F　はい。あの六月の十八日に総本山で練成を受けました。バスに乗るまで時間がありましたので、この龍宮住吉本宮を眺めて絵を描いておりました。私は絵を描くんです。

清超　あんた絵を描くFさんですか。

F　はい。そうです(笑)。その時は曇っておりまして、ここのお社の真上から雲を突き抜けまして光の柱が一本立ったんです。びっくりして見てたんですけど、あれは何でしょうか。それをお伺いしたいんです（笑）。他にも見た方がいらっしゃるんじゃないかと思うんです。しっかり見えましたから。

清超　あなただけが見たんじゃないの？

F　そんなことないです。でも私はそこでは一人だったんです。

清超　そうでしょうね。みんなが見たのなら確実な物質的な現象ですけれども、そうでないからそれは分からないです。人間は何でも見えますから。天だろうが地だろうが夢だろうがね。（笑）

F　あれは住吉大神様かなと思ったんです。

清超　住吉大神様はそんな光っていたって、それじゃなくて、人類救済の根本原理です。根本原理が光というわけではありません。

F　そうですか。有難うございました。

●二十一世紀は宗教と科学の時代

O（男）二十一世紀は哲学と宗教の時代だという話を聞いておりますが、その展望をお聞きしたいと思います。有難うございます。（笑）

清超　展望と仰せられましても（笑）、それは決まっている現実ではないんです。

O　はい。

清超　科学的な時代と言われた二十世紀は終わって、科学の研究とか成果、生産の向上とかそういうことだけでは、人間は幸せになれないということが段々分かりだしてきたんですね。先ほどもお話があったような環境汚染の問題とか、それから人口が減る国が沢山出てきている。日本なんかその筆頭にあげられています。子供を産まない人がでてきているし、産んでも数が少ない。女性の平均の出産率が一・五人を割っています。夫婦で子供を産みますから、二人で一・五人以下となってしまったら、段々に減ってきます。

将来の高齢化社会を見越して税金や年金をどうするこうするという話だけれど、高齢化社会になって子供の数がどんどん減って行くと、それは二十一世紀においての日本は六千万くらいの人口から、さらにもっと減る可能性がある。今は一億二千万あるけれども、それが六千万ぐらいになる。そして次はその半分ぐらいにと、今のままでいくと加速していきますから、そうすると「かつて日本という国ありき」という物語だけになってしまうでしょう。

これは結局人々が目先の物質的繁栄のみを主体にしているところからきている。根本的にいうと神の御心であるところの、例えば旧約聖書の「生めよ増えよ地に満てよ」ということをみんながやっていない。神様の無限の繁栄と発展を吾々も身をもって実践しなければならないのに、物質的繁栄のためにむやみに堕胎をしたり、〝少産〟を奨励したりしていてはいけないのです。

信仰の根本を確立して普及していかないと、世界はなくなってしまうということを段々と自覚していく、そういう時代になるだろうと、またそうしなくてはならないというのが、二十一世紀は宗教と正しい哲学の主体性を持つ時代であるということです。それは希望の込められた発言でもある。また実際そういう傾向にも段々となりつつある。西洋文明を受け入れてから、日本は「追いつけ追い越せ」というわけで科学的な研究に主力をおき、哲学にしても唯物論的な哲学を大量に入れてしまった。それを新しい時代の思想であるかのごとくに宣伝して、その結果として無信仰の人々が非常に増えて来ている。

もともと日本には信仰の基礎があるんです。御葬式やら結婚式には昔通りの宗教的な儀式をやるけれども、本当の日常生活のなかに仏の御教えを生かしているかというとそうでもない。物質第一主義という状態になっていきつつある。その反動として宗教を軽蔑したり、宗教はごめんだという人も沢山いる。宗教の方でも変なのが出てきて、脅したり好い加減な神憑り的なことを言ったりする。「霊がひっついている」とか、なんとか言って「それを祓うのにはこうしたらいい」と言って霊感商法的なものが出てきたりして、人々を恐れさせたり嫌悪させたりするのです。宗教の方にもこのような責任があるが、一般人の物の考え方にも責任がある。そういう意味から物質主義的な考え方や経済第一主義的な考えが広がり、それが今や行き詰まってきている。

そうじゃなくて二十一世紀には、正しい宗教で、人間は罪人であるとか、あるいは罪のお祓いのためにはこういう難業苦行をしなくてはいけない、というのではなく、「本来実相は完全円満で、神様は罰をあてるものではない」そういう風な、実に光明燦然とした信仰が広がっていかないといけない。そういう時代がこないとこのままの情勢では悲観的な結果に終わるというわけです。

アフリカなんかでも色んな宗教があるんです。でもそれは主に呪術的な宗教です。そういうものでない本格的な宗教が真剣に楽しく信仰されているような世界に、二十一世紀はなっていかなくてはいけないということであります。それは必ずそうなるとは限っていない。その傾向がまだ十分上向いてはいませんから。景気と同じことです。日本の景気も上向く傾向もあるが、必ずしも楽観は許されないようなそういう情勢ですね。一世紀といったら、百年ですから、百年の間にそうなるかならんかということは、今から予言しておくというわけにはいきません。

この現象界というのはすべて人間の心の創作です。つくり出していくものでありますから、自然にそうなると言ったらみんな安心して「そんならほっとけ、のんびりと観光旅行でもしてれば自然に宗教の世界が出てくるだろう」というような、それでは本物の宗教にはならないし、またそういう状態ではない。人生というのは常にどっちにも転がる、運命をつくりだしていくところの訓練でありレッスンであります。だからどうにでもなるんです。どうにでもなるから、一層いいものにしていきましょうというのが、有識者の言論となって出てきつつある。展望といえばまあそういうことでしょうね。(拍手)

○ 有難うございました。

16 生き通しの命をはっきり伝える

●主人に「ハイ」と言えない

T (女) 昨年一冊の『理想世界』でご縁を頂いて、今支部長をさせて頂いております。

清超 素晴らしいですね。

T ありがとうございます。私は主人に「ハイ」と言えないので困っています。

清超 今、しきりに「ハイ、ハイ」と言ったのは、ご主人がおらなかったからかね。

T 清超先生には「ハイ」と言えるんですが、なぜか主人には「ハイ」と言えないんです。今までいろいろな宗教をしてきて、全部「ハイと言いなさい」と教えられましたが、なぜか腹が立つというか、沽券《こけん》にかかわるというか……

清超　ご主人のどういうところが、お気に召さないのですか？

T　なんか腹が立つんです。

清超　なんか、じゃちょっとね。なんか、と言ったって、腹の立たないところもあるでしょう。具体的に言うとどういう時に腹が立つの？

T　主人が怒るんです。

清超　ああ、あちらが怒るの。それはあなたに何か足りないところがあるからじゃないの？

T　そういう事ですね。でも本当は「ハイ」と言いたいんです。言いたいけど、なんか腹が立って言いたくないんです。けれども今日（練成会に）「行きますか？」と言ったら「行こうか」と言って、いま来てくれています。

清超　今ここにいるの？　素晴らしいじゃないですか（拍手）。それはとても善いご主人じゃないの。

T　本当に善い主人なんです。続けていったら、言えるようになるでしょうか？

清超　なりますとも。それはもう、「生長の家に行きますか？」と言ったら「行こうか」と言うご主人なら、何でもハイと言えますすよ。

T　はい。

清超　あのね、一遍「ハイ」に失敗したって構わないですよ。失敗を恐れる必要はないですからね。一遍失敗しても、また次にチャンスがありますから、その時には「ハイ」と言う。そしてそのチャンスが到来するのを度々期待しておれば、必ず「ハイ」が気持ち良く言えるようになるよ。

T　はい、分かりました。

清超　あなた素直だね。

T　ありがとうございました。

清超　はい、どうもありがとう。ご夫婦というのは、とてもよく似た者同士がなるんですから、とんでもない人と一緒になっている筈がないんですね。だからあなたがいくら「ハイ」と言ったって、何の心配もないですよ。あなたが自分で自分に「ハイ」と言っているようなものですよ。だから素晴らしいのです。

●和解する相手にどんな気持ちで接すれば良いか

E（男）『大調和の神示』を拝読するたびに気になっているところがあります。『天地一切のものと和解せよ』とありますが、その後に『本当の和解は互いに怺《こら》え合ったり、我慢し合ったりするのでは得られぬ』『感謝し合ったとき本当の和解が成立する』とあり、ここを「感謝したとき」と書いていないことが気になっています。一方的にこちらが感謝しただけでは本当の和解にはならない。では実際に和解する対象に対して、どの様な気持ちで接すればよいのか教えて下さい。

清超　そうですか。『本当の和解は互いに怺え合ったり、我慢し合ったりするのでは得られぬ』と書いてありますね。その「怺え合ったり」というところから、もうすでに相手とこちらとを想定して書かれている。そこで、「感謝し合ったとき」というふうに、今度はそれが相対的になって来た状態がここに記されているので、相手と自分という二者を想定して書かれた文章ですからこうなっております。客観的にはそうなるので、お互いが「感謝し合ったとき本当の和解が成立する」。しかし感謝するとすれば、まず自分がやるほか方法はないのです。だから最初は怺えているという気持ちであったなら、それを今度は感謝の方向へ持っていく。その相手がいるから、私はこんなに毎日幸せに暮らしていけるとか、或いはこういう相手で、ご近所の方なら、私はいろいろお世話になって、そして道で会っても挨拶が出来るようになったとかね。こちらがそうなると必ず向こうも、今すぐでなくても、段々そうなっていきます。だから結局お互いに感謝し合うという様な状態が出てくるんですね。我慢し合っているんじゃなくて、「感謝し合ったとき」というので、これは矛盾したところはないと思いますが、如何なものでしょうか?

E　総裁先生御一家の、特に御夫妻のお姿を見ていますと、この言葉そのままのように思います。

清超　いや、そうでもないですよ。(笑)

E　私もこうなるように心掛けたいと思います。ありがとうございます。

清超　そうですか。私も心掛けますからどうぞ宜しく。

●『真理の吟唱』の中の文章をどう理解したら良いか

A（女）『真理の吟唱』の中の『現実界から見たら〝前向き〟であるときには、霊界から見たら〝後向き〟であり、現実界から見たら〝後向き〟であるときには、霊界から見たら〝前向き〟である』という事は、霊界の人がこちら側に向いている向き合わせだという意味なんでしょうか？　何もかも逆さというような事が書いてあるように思いますが、どう理解したらよろしいでしょうか？

清超　そうですか。これは逆さというわけじゃなくて、例えば現象界は波みたいなものですから、出生があり、さらに死があって、霊界へ行く。そして又生まれ変わってくるわけですね。この世から死ぬ時を、霊界から見ると、これは霊界に生まれる事です。前向きに生まれてきて、そして死ぬという時は、死はこちらから見たら後ろ向きですね。しかし霊界から見るとこちらから死ぬ時はあちらに生まれるので、霊界へ前向きに一人生まれてくる。そしてこの世で死ぬのが後ろ向きだとすると、霊界では前向きに生まれて来ることになる。そして霊界で死ぬ時は、この世では生まれてくる。霊界では後ろ向きのマイナスの死だけど、この世ではプラスの生になる。そういう事が書いてあるんですね。この世で死ぬ時は、あの世で生まれる事になるから、だから前向きです。それが今度は又霊界から死んでこの世へ生まれるから、霊界では後ろ向きで、この世では前向きという事になるんだということです。

A　分かりました。ありがとうございました。

●エステで負債を抱えてしまった

K（女）　商売をしておりますが、化粧品業界はちょっと大変な時期に入りました。私は一所懸命にエステなどの方法でやっておりますが、ちょっと負債を抱えました。

清超　エステって何ですか？

K　売るだけではなく、お顔のマッサージなどを体得して、それと両方を合わせてやっております。でも最近いろいろな症状が出て来ました。

清超　症状とは、あなたの身体にですか？

K　いいえ。商売の先の見通しなどが不安になってきました。今日が主人の祥月命日《しょうつきめいにち》ですので、霊界から「今日は清超先生がお見えになるから、あなたも一回聞きなさい」というような事で機会を頂いたと思って、夕べから練成に参加しました。私はどうしても今の仕事をバリバリと続けて行きたいと思っております。御指導お願い致します。

清超　そうですか。エステティックというのは、どういう事をやるのか私はよく知らないんですが……

K　お化粧品を売ってるお客様は、綺麗になりたいなどの目的がありますね。ニキビとかアレルギーとかいろいろありますが、そういうふうなところも見せて頂き、いろいろな対応を教えるのです。お薬は一切使わずに、お化粧品で治していきます。その他に、ずっと生長の家をさせて頂いているお蔭で、心の問題もお話ししながら一緒にしてやっております。だから、まあ喜んで頂いてはおりますが……

清超　そうですか。それなら大丈夫じゃないですか。

K　だけど他のメーカーさんがどんどん割引きをしていくと、やはりそちらに行ってしまう人もいます。私はそういう方々でも別にいいという思いではおりますが、何か心がもう一つ……

清超　もう一つ何ですか？

K　行かれたらいいと思う他に、心の奥底では、こちらはこちらのやり方もあるんだし、この生長の家の御教えを頂いて、その無いところをお客様にしてあげれば、これでいけるんじゃないかという思いもありますが、また不安もあります。

清超　そうですか。それはお客さんがお喜びになるように、そしてお客さんが本当に喜ぶためには、「人間は神の子である」「永遠生き通しである」という、その「永遠生き通し」のところを、やっぱりお伝えにならないと、心の法則だけじゃ本当の喜びにならないですね。だから、そういう事をはっきりと伝えながらお仕事をされたら、これはもう非常にお役に立ちますよ。

相手の役に立つし、その相手の方が値段の安いところへ行かれても、「もとのあのお店がよかった」とか「あの奥さんにもう一遍会いたい」という事になって、そしてまた舞い戻ってきたり致しますよ。舞い戻ると言うと悪うございますが、またやって来られるとかね。

K　ありがとうございます。白鳩の母親教室と誌友会とをさせて頂いておりますので、真理を一所懸命お伝えさせて頂きます。三年前は地区連のお役をさせて頂いてましたが、商売を一人でしてますので、会合や、いろいろと行くのに、一人だとお店を閉める事が多いんです。

清超　すると具合悪いんですか？

K　シャッターを閉めなくてはいけないんです。一人だから、任せる事が出来ないんです。それの積み重ねがいろいろあるのではないかと感じた事もあります。

清超　そんな事はかまわない。シャッターを下ろしたっていいですよ。シャッターを下ろしたって、あの店は具合悪いという事はないでしょう。この頃は休暇を取る事がはやっているじゃないですか。だから構わない。生命の危険に瀕しているようなお客さんが来るわけじゃないからね。お医者さんならそういう人もあるけれども、エステティックに来られるお客様は、そんな生命の危険にさらされている訳じゃないから大丈夫ですよ。そんなびくびくする必要はない。善い事をしているんだもんね。亡くなられたご主人も、きっと喜ばれますよ。

K　ちょうど今日が祥月命日にあたっています。

清超　そうですか。どうぞ安心してやって下さい。

K　はい。ありがとうございます。

●精神病の発作を起こすと、不安で頭がパニックになる

F（男）精神病の発作を起こすと、不安感が出てきて頭がパニック状態になります。全て悪い方へと考えてしまい、ガタガタと震え出します。それは、以前私はある人に対して「百万業を赦す」と言ったんです。

清超　それはどういう意味だろうか？

F　訳も分からず言ってしまったのですが、それが原因でこうなってしまったのでしょうか？

清超　そんな事はありません。それが原因という事はないですね。あなたはいつから生長の家を知られたんですか？

F　小学生の時です。

清超　それは随分昔ですね。お父さんお母さんがやっておられたの？

F　いえ、祖母がやっておりました。

清超　そのお祖母さんはもう亡くなられた？

F　まだ元気です。

清超　それはいいですね。そういうお祖母さんがいらっしゃってよかった。お祖母さんは、お父さんお母さんとの近くにいるんですか？

F　今一緒に住んでいます。

清超　それはいいじゃないですか。何でも相談して、生長の家の信仰をずっと深めていかれたらよろしいね。自分が昔言った事が原因で精神が変になるという事はないですよ。だから昔言った事なんか全部神様におまかせして、善い事をしていけば、いくらでも善い結果が出て来るんですね。精神病でもノイローゼ的なものでも、これは特別の病気というよりは、胃が悪いとか腸が悪いというのと同じ様な肉体の病気ですからね。だからそんなのは本来無いんですよ。でその業の事をどんなに言ったとしても、それが原因という事ではないです。だから毎日『甘露の法雨』を読誦するんですね。やっていますか？

F　やってます。

清超　素晴らしい（拍手）。ご先祖に『甘露の法雨』を読誦することをやっていれば大丈夫ですよ。だんだんと症状は無くなっていくからね。

F　ありがとうございました。

17　生活を光明化する

●〝病気なし〟なのに薬を飲んでもよいか

K（女）入信してから十六年になりますが、リューマチを三十年患っています。それで具合いが悪くて、薬を飲んでいれば動けるんですが、減らすと寝返りも打てないくらいになっちゃって、そういう生活がずーっと続いてるんです。リューマチの外《ほか》にまだ色々あるんですけど、バセドー病も手術しているから、機能が低下していて、だるくなるっていうようなのと、リューマチとまざってて、今は抗生物質とバセドー病の薬とか、薬が強いから胃潰瘍の胃から血が出たとか検査で言われた状態です。

とにかく薬を飲んでいれば、私は働くことが好きで、元気よく明るく楽しくやっているんですけど、この前顔が火照《ほて》ったり、汗が流れたりしたから、これは更年期かなと思って、その薬を減らして更年期の薬を飲んだら、途端に動けなくなっちゃったんです。

清超　であなたは今、何歳ですか？

K　五十四歳です。それでまた戻したらこのように元気なんですけれども、生長の家のことを、ものすごく気に入っているんですが。（笑）

清超　いつ頃から生長の家をお知りになったんですか？

K　十六年前にお姑さんが心配して私の為に入って下さって、それから一緒にやってるんです。家族全員入ってます。

それで私がお聞きしたいのは、清超先生の御本を拝見させて頂きますと、「医者には通ってもいいんだよ」と書いてあった所があるんですよね。医者に通うっていうことは、薬を飲むことになるけれども、私がそこでちょっと気になるのは、病気はないんですよね？（笑）だけど医者には通っていいんだと。でも薬を飲まないと動けなくなっちゃうんだ。どうしたら

いいんだろうと思ったものですから。よろしくお願いします。（笑、拍手）

清超　そうですか。それはね、「病気がない」っていうのは、肉体のことじゃないんですね。肉体人間は、時に病気をすることもあるし、風邪をひくこともあるし、腹下しすることもあるから、それがないという訳じゃない。本当の人間は完全円満生き通しであって、神であり、仏であるんだから、本当の世界には病気がない。死もないんですよ。本当は死なないんだけども、肉体は死ぬ。肉体的にはそういう不完全な所も現れて見える。それは現象だからです。

　医者にかかってもいいよっていうことを詳しく言うと、医者も素晴らしい実相の持ち主の人間だから、名医もおれば、ヘボ医もいるということになるでしょう。ヘボ医の方はとかく患者に薬をむやみやたらにくれる訳ね。それでその出される薬をみな飲んでいたら大変ですよ。薬だけで腹が一杯になるような（笑）ことになる。そういう薬の出し方をされるお医者さんもある。病院の経営上、薬を沢山出す方が経営が安定するという、今の保険制度の仕組みの不完全さにもよるが、経営第一主義の医者がよくあるのです。

　そういう医者にかかった場合は、その人の言う通りにやっていたら、えらいことになってしまう。殊に抗生物質というのは、使いすぎると却って薬害が出て来ましてね、抗生物質をとりすぎた為の障害がまた出て来る。それから色々のホルモン剤も薬害があるから、その使い方は極めて難しいんですね。それが難しいというのを知っているから、いわゆる〝名医〟と言われるような人は、あまり薬をくれないんです。

ところが患者さんの方がかえって薬に頼って、例えばブツブツでも出来たら、何か薬をぬったらすぐペロッと治るというふうに、街の評判が「あの医者はよく効く」とか何とか言って、そういうふうなことを好む傾向もあるし、患者さんの方も一時的な治りが欲しい、というような事もあって、とかく危ない薬を多用してるんですね。現実には今そういう状態です。だから医者にかかってもいいといっても、医者の言う通り何でも飲みなさいというのと、違うんであります。

今聞くとあなたは、どうやら薬の飲み過ぎのような気がするから、これからはあまり薬に頼らないで、今の病院とかお医者さんが、いいかどうか私は知らないから、よく神想観をして、完全円満な世界を心に描く神想観を毎日やって、よきインスピレーションを受けて、「薬に頼らないでやりましょう」とか、あるいは「御主人に感謝してこれから楽しくやりましょう」とかね、そういう根本的な所をインスピレーションで実感して、生活を光明化して行って下さい。その方がよろしいですね。

K はい。有難うございます。（拍手）

清超 リューマチでも程度が色々ありまして、あなたの場合は、色々複合しておられるようだから、先ず何よりも心の立て直しをされた方がよろしゅうございますね。信仰の立て直し、確立をやることです。はい、どうも有難う。（拍手）

●神想観中に自分の願いを入れてもよいか

F（女） 神想観に道場へ通っておりましたら、最近みえた方が「自分の願いを神想観中に入れてもいいですか」と言われたんです。それで私は勝手な返事をしてはいけない、と思いましたものですから、総裁・清超先生に聞いて参りますと言ってきました。毎回神想観は、ほとんどテープによってやってます。

清超 あなたのお宅でやってるんですか？

F　違います。道場です。一年近く毎朝行ってるんです。それでテープによりますと、繰り返し念じて下さいというところから、ずっと黙念する間がございますね。その次にしばらくたってから、世界平和の祈りがございますね。その間に自分の願いを入れてもいいですかって聞かれたんです。「どの辺で入れたらいいですか」って言われるものですから、勝手な返事も出来ませんから。総裁先生に聞いて来ますって言って来ましたものですから、よろしくお願い致します。

清超　はい、どうも有難う。それはね、自分の願いにもよりますね。何でも願えばいいっていう訳じゃないんですよ。いい願いなら、つまり人の為になり、また社会、国家の人類の幸せ等につながるような願いであれば、入れてもいいですよ。自分の願いですから、どこで入れなきゃならんということはないですから、好きな所で入れたらいいが、基本的には神想観のテープにあるような事を主体にして、とにかく先ず実相をじーっと祈る、「心で観る」ということがとても大切ですね。とかく自分の願いの方に走ってしまいまして、そっちばっかりになってしまいますと、具合いが悪いですからね。どこでなければならない、ということはないですよ。

F　そうですか。では世界平和の祈りの後くらいで、よろしゅうございますか？（笑）

清超　どこでもいいですよ。

F　その辺でよろしゅうございますか。有難うございました。（笑）

●友人の母親が〝〇〇〇〇〇〇〟、その人の霊牌供養を一年しているが

H（女）　私の大切なお友達のお母様が、〝〇〇〇〇〇〇〟を信仰してみえるんですけれども、私も本を読ませて頂いたんですけど、「あなたは永遠に生きられる」とか書いてあって、〝〇〇〇〇〇〟の方達は、自分達が死んでから生まれ変わって、永遠に生きられるというふうに考えてらっしゃるみたいで、それでも私は生長の家の教えを聞いていますので、実相のことかなと思うんですが、その方達は地上では真面目な生活をして、よいことをして、生まれ変わってから、永遠に生きられるということを信じてみえるみたいで、霊の供養とかがなく、キリスト教のちょっと違ったものみたいなので、霊の供養とかもされてなくて、お仏壇もないんですけれども、その方の霊牌供養を一年間させて頂いてるんです。

清超　あなたが？

H　はい。

清超　あなたが誰の霊牌供養をしてるの？

H　前お付き合いをしてた方のお母様のです。

清超　お付き合いしてるというのは、男の方ですか？

H　はい。そういう方に先祖供養の大切さというか、「先祖供養はいいですよ」というような事をお伝えしたいんですけど、どういうふうに話をしたら、伝わるかなと思いまして。

清超　そのお友達というのは、今もお付き合いしてるんですか？

H　今は別れたりして、ごちゃごちゃしてます。まだ電話したり、会ったりとかはしています。

清超　その男性の方の、お母さんでしょ？

H　はい。

清超　その男性の方に生長の家の本でも差し上げて、「これをお母さんに伝えて下さい」と言えばいいじゃないですか。

H　『白鳩』誌をポストに入れたりとか、『青年の書』とか読んでもらったんですけど、全然反対じゃないみたいなんですけど、その方も小学生くらいの頃まで真剣にやってて、宗教がいやになってやめたということだったので……　それですごく母親思いの方なので、お母さんが真剣にやってみえるから、そのお母さんもすごくいい方で、本当にお庭もきれいにされてて、真面目な方で、幸せそうな家庭なんですけど、どうしても生長の家じゃなきゃいけないと言うと、また違うと思うんですけど、やっぱり「生長の家はいいですよ」ということを言ってあげたくて……

清超　言ってあげたらいいじゃないですか。その男性の方を通してやられたほうが、どちらかというといいけども、それが通したくなければ、ご本人に直接お手紙でも差し上げてもいいし、それから御本を送りたければ送ってあげればよろしいですね。まだ結婚している訳じゃないから、あなたは自由でありますよ。「ややこしいのはやめとこう」というようなことなら、それでもいいでしょうしね。

H　霊牌でその御先祖様を供養させて頂くようなことは、続けた方がよろしいでしょうか？

清超　あなたがですか？

H　はい。練成とかで毎月させて頂いているんですけど。

清超　その方たちの霊牌供養ね……

H　その方の御先祖。○○家先祖代々。

清超　それは悪いことじゃないけどね。吉田先生こういうのはどうなのかね？（笑）

吉田　お付き合いをしている人の、その方の御先祖をあなたが書いて、していいかというご質問ですか？

H　はい。

吉田　これは本当は一番いいのは、相手の方に「先祖供養は大事だ」ということを言って、相手の方が直接御先祖を書くのが一番いいんです。

H　そうなんですか。

吉田　しかし時期がまだ熟していない時は、あなたがその代わりになって、お書きになって、その後その方にお勧めになって、先祖供養の大切さ、そして宇治に送るばかりでなくして、その方が霊牌を書いて、ご自分で聖経を誦げるように、あなたが相手の実相を祈って指導してあげたら、導いてあげたらいいと思います。

H　有難うございました。（拍手）

清超　ということだそうです。霊牌ってのはね、書くのは関係の深い肉親とか、子供、親、夫婦とかいうような方々が、書く方がいいのです。それはバイブレーション、いのちの響きが霊牌に伝わるというか、自然に書き込まれるのです。すると霊牌とその方々との縁が結ばれる訳ですね。だからあなたの場合はちょっと薄い間柄だから、本人が書く方がよろしいという意味ですね。

ご深切にどうも有難う。（拍手）

18　凡ゆる可能性がある中で

●夫に無条件に「ハイ」とは／内なる神に全托

A（女）　夫に無条件に「はい」ということと、内なる神に全托ということの二つをお聞きしたいんですけれども。

清超　もっと詳しく仰って頂くと有難いね。

A　はい。少し経緯を話しますと、私は二十二歳から五年間、ひどい鬱病で重度の精神病院を転々として、入退院を繰り返し、気違いみたいになって自殺行為ばかりしていました。

でも生長の家に触れまして、教区の練成会に繰り返し行くうちに、今の主人と巡り会いました。生長の家の行も勉強もとてもよくした人で、結婚してから必ず早朝行事と、私の兄弟に十人流産児がいますが、その供養をしていくうちに、七つの症状のうち六つが消えていったんです。

でも死にたくなることがどうしても時にやってきて、とても恐くて、去年の二月に宇治の一般練成会に来ました。父を憎んでいたのが、浄心行をして感謝出来たんですが、落ち込むのが治らなくて、ここで一所懸命、行に打ち込んで四ヵ月で二千巻聖経を誦げました。一日最高で七十巻誦げました。毎日二、三十巻聖経を誦げて、神想観も一日五時間くらい座りました。写経もやって行くうちに気がついたら、落ち込むこともなくなっていました。

内からこみ上げてくる悦びが感じられて、去年の六月末に帰りました。主人は父の気持を私に教えてくれている「観世音菩薩さまだった」と分かって帰ったのに、主人とはうまく行きませんでした。私は主人に「はい」というのを教わったので、ずっとそれはやろうと思ってきたんですが、とても極端な人なので、いつも出来ない自分を責めていました。

清超　例えばどういう事を仰るんですか？

A　主人がきつそうだと、私は撫でたり擦ってあげたいけど、主人は「そんなのは現象を認めることだからダメだ、ただ祈るんだ」って聖経を誦げてくれます。自分の仕事とか生活とかよりも、一番困っている人のところへ行って尽くすというような人です。

清超　そうですか。素晴らしいじゃないですか。

A　そうなんです。素晴らしいんです。けどもギャップが激しくて、ついていけないというか……　主人の収入が殆どないので、私は働いています。子供の世話もしてたからきつかったので、「ちょっと今日はきつかったです」ともらしたら、「これだけやった。あれだけやったって思うからきついんだ。自分がやってるんじゃないんだ」って真理の説法でくるから、私はとても苦しくてどうしていいか分からなくて、パニック状態になるんです。

清超　子供さんが何人いるの？

A　最初流産して、次に死産して、今の子供一人です。

清超　ああ、そうですか。

A　その子が生まれてから、夫婦の関係がなくなって、最初はそれが寂しくて不満でした。そんな触れ合いもしないで、一体どういうふうに心からついていけばいいのか、長い間分からなくて苦しかったんです。主人に相談しても溝は深まっていくばかりで、別居して私はまた宇治に戻ってきて、賄いの仕事をさせて頂いています。夫婦の関係がなくても、この人が喜んでくれるならっていう、そこまで自分を捨てきった愛というか、そういうふうにはどうしたらなれるんでしょうか？

清超　難しいね。楠本先生によく相談しなきゃいかんね（笑）。人生はレッスンだから、あなたにそういう課題が出てるということは、そうね、素晴らしいんだね。あなたの御夫婦は相当高度のレッスンをやっておられる。あまり慌てる必要はないから、御主人に聞いてごらん。今のままこっちにいていいのか、それとも帰ってまた一緒に生活をした方がいいのか。

A　主人は、ただ無我の愛とか人の為に尽くし切るには行しかないという人なんです。私が精神的に苦しい時も、「行だ、行だ」と言われて、神想観とか聖経読誦を一所懸命してきて、それで今の私があるんです。だから主人は私が精神的に高まることを一番望んでくれてて、「宇治にいてしばらく頑張れば良い」と言ってくれるばかりで……

清超　電話をかけたら出て来られる？

A　はい。私が分からない事とか聞くと、個人指導してくれます。

清超　ああそう。個人指導してもらうのはいいですよ。

A　主人も私も地方講師補です。

清超　地方講師補っていうんじゃなくて、地方講師の中の一番最初が講師補ですよ。だから、そういう素晴らしいご主人なら、困ったことがあれば何でも、電話でも手紙でも相談したらいいじゃない。あなたを一番よく知っているんだから。私よりもあなたをよく知っている（笑）……

A　主人が嫌いになって私はこっちに来たんです。側にいて「はい」って言う努力をすればするほど、「無理なことを言う」っていう思いで、大嫌いになってしまって……

清超　子供さんは今連れてらっしゃるの？

A　いいえ。最初は私の里に預けて来たんですけど、主人が自分が引き取ってみるって言って、主人は両親の家におりますが、仕事に行きながら子供をみてくれてます。

清超　そうですか。子供さんは何歳になってる？

A　二歳三ヵ月です。

清超　それをご主人がみるっていうと、難しいじゃない。

A　以前に来てた時も、主人がみててくれました。

清超　それでお仕事が出来るの？

A　その時は仕事がなかったんです。でも今は整骨院に勤めてます。日中は母がみてくれます。

清超　そうですか。やはりこっちに来たっきりというよりも、あっち行ったり、こっち行ったりしてる方がいいね。そして子供さんも時々みてあげるのが、将来子供さんが大きくなってからもいいですよ。

A　一緒にいてもパニック状態になってしまうだけなので……

清超　だからね、パニック状態になるというのは過去の事ですから、これからは良くなる可能性が大いにあるんですよ。だからこちらでご主人の素晴らしさを、ご主人は説教ばかりするという考えを捨てて、ご主人と仲良く生活している自分を常に祈ったり神想観でそれを観たりしてね。それから帰っていって、実際にこっちで色々勉強したことなんかを実行したりして。またパニックになりそうならこっちへ来て。いろいろやったらいいじゃないですか。夫婦っていうのはね、いろんなかたちがありまして、必ずしもセックスがないとだめとかそういうこともないしね。ない夫婦だってあるからね。それから女道楽で困ってるご主人もいる世の中ですからね。あなたのご主人なんかそういう点は超越していらっしゃるようだからいいが。

A　超越しすぎてて（笑）普通の人と違ってるので、ついて行くのがとても苦しいんです。

清超　だからその違っているという考えを捨てて、今自分はこのレッスンをやっているのであるという気持ちで、「私の気持ちも分かって下さる」という信念を持つようなレッスンをやってご覧なさい。過去がこうだったからと思っていると、その過去の状態がずっと続きますから。過去よりも「本当はこうなんだ、本当の主人はこうだ」っていう、そこの所へ焦点を合わせるような練習をして行かれたらよろしいですよ。だからつまりご主人と楠本さんとによく御相談をなさって下さい。（笑、拍手）

A　有難うございます。それから先生、内なる神に求めるっていう事についてもお聞きしてもよろしいですか。

清超　はい。

A　よく「神様に聞きなさい」とか言われて、いつも聞くんですけど、答えはないんです（笑）。インスピレーション的なものも無くて、もしあってもそれが自分の我《が》の考えなのか、それとも本当に神様からのインスピレーションなのか、自分では分からなくて、どうしようとおろおろする感じなんです。

清超　神想観をして、その後でフッと思いつく事はやったらいいんです。それが我の思いか何かと色々考える必要はないですから……

A　一番先に思いついた方をすればいいんでしょうか。

清超　一番先とも限らないけどね。自然にこれをやりたいと思うじゃないですか。例えば今日なんかでも、「質問したい」と思うから質問しているんでしょ？　それをやる事が、やっぱりあなたの一つのやるべき事になるわけです。ただあまりね、「私の出来る事はこれだけだ」と決めない方がいいよ。決めちゃったらそれ以外に出られないからね。あなたは何でも出来る素晴らしい能力があるので、過去に精神病院に入ろうが入るまいが、それはどうでもいいんですよ。例えば胃が悪くて、胃腸病院に入ったのと本当は同じですからね。だからそれを「私は胃が悪い、胃が悪い」と思ったら、又胃が悪い状態が出てくるようなもので、過去の姿を全部そういうふうに思い込まないで、凡ゆる可能性がある中であなたはその経路を通って来ただけなんだから、これからの前途は洋々として開けているわけだから、凡ゆる可能性を考えて、そして思いついた事を、いい事ならどんどんやって行くというふうにしたらよろしい。

A　思いついた事っていうのは、今の一番の願いは聖経を祈りを込めて、一巻でも多く誦げたいというのが私の一番の願いです。

清超　神想観をしてから後の話ですよ。

A　してます。

清超　今日の神想観と、昨日の神想観とではまた違うインスピレーションが出て来るから。昔こう思ったからそれをずっと続けるというなら、神想観は一回やればいいようなことになるけどね。そうじゃないんだから、何回か毎日やるでしょ？　二回でいいんだよ、それ以上あまりやらんでも。それで『甘露の法雨』でもね、何十巻読まなきゃならんと決めないで、回数じゃないんですから。

A　でも私にとっては回数が真心なんですけど。

清超　そう決めてしまわないで、そう決めてるなら私に何も質問する必要ないでしょ？

A　これじゃいけないんじゃないかと、不安になるから……　我がやってるとか、やりすぎだとか言われて……

清超　それは確かにそうなんだよ。我でやってる所もあるんだね。だからそんなにやらんでもいいよって言われたら、「はい」っていうわけで、他のことをやるんです。もっといいことって言ったらおかしいけどね。実際にあなたが、今やるべきことをやるということですね。だから私がさっき言ったように、「ご主人に電話を掛けなさい」って言ったら、「はい」って言ってやればいいのよ。それがあなたの切実なる願いでなくても、あなたが質問した事から出てきた結果だから、それをやればいいんです。そうすると違っているご主人が出てきますから。だからあなたにはいいご主人があり、いい指導者があるんですから、それに聞いてやって下さい。

A　はい、有難うございます。（拍手）

●緘黙児の生徒を毎日祈っているが

O（女）　現在小学校に勤めているんですが、最近益々神想観を一所懸命やることで、子供達が頑張ってる姿が目に見えて、一学期に音楽の授業を中々一緒に受けられなかった男の子が、三学期には一緒に出来るようになりました。けど一人緘黙児《かんもくじ》がいて、その子の事を毎日神想観で祈っています。

清超　直接話しかけても何も言わない？

O　直接近くで喋ると、うなずいたりはしますけど、言葉には出ないんです。「分かったら手を上げてね」って言うと、手を上げたりはします。

清超　それはいいじゃないですか。「お利口だね」って言ってあげるといいね。表情もジェスチャーもみな〝言葉〟ですから、それは言葉で言ってると思えばいいじゃないですか。段々それを練習して行くと、やがて口から出てくるようになります。それはあまり急ぐ必要はないです。何歳ですか、その子は。

Ｏ　今小学校四年生の男の子です。

清超　そうですか。〝男は黙ってサッポロビール〟っていうのがあるじゃない。（笑）

Ｏ　普及誌をその家に届けたりとか、何か手立てはないかなと思ってやってるんですが。

清超　それはいいことですよ。

Ｏ　そういうふうに焦らないでやっていったらいいとか、自分の一人だけの祈りじゃなくて、いい方法があったら……

清超　そのお父さんかお母さんに生長の家の本を伝えたらいいですね。先生がわざわざ言って下さったら、大抵の親は言う事を聞きますよ。

Ｏ　はい、有難うございます。

19　夫々の立場で信仰を深める

●失明し少し見えるが、自分の心の持ち方を教えてほしい

T（男）私はまだ入信していませんが、妻は永年お世話になっています。三年前に死の淵から甦らせて頂いたのは、家内の献身的な努力と子供の祈りでした。ところが二ヵ月前に急に失明しましたが、医者の努力と家内達の祈りで、一メートル範囲内は見えるようになりました。家にいれば日常生活は何とか過ごせるので、失明よりは有難いと思っています。しかし手紙も読めないし、はがゆくてすぐに「見えない、困る」と言っては家内を困らせていま

す。家内は「心の目で見よ。私がついとるのやけん、困る困る言うな」と申します。心の持ち方を教えて下さい。

清超　そうですか。奥さんもここに来ておられるんですか？

T　はい。

清超　それは素晴らしいね。目が見えなくなるとは、糖尿病か何かですか？

T　腎不全です。奇跡的にも今は透析をせず、薬だけになって、そのお礼に来ました。

清超　人間は歳をとると、段々といろんなところが古くなって、故障をおこしたりするんでありますね。これは自動車と同じで、バッテリーがあがったり、クラッチを取り替えなければならないというのと同じです。腎臓がそうなって、〝目がうすくなる〟というのはありうる事ですね。奥さんが困るだろうという愛念は大変結構ですが、人はみな人から世話をされて大きくなるものですから、やっぱり「人を世話する」という事を仕返してあげなければ、この世の中は治まらないのです。奥さんがあなたの世話をされるという事は素晴らしい事で、あなたが健康でピンピンしたら世話がいらなくなるかも知れないけれど、それでもお世話をするという、大きな徳を奥さんが積まれる訳だから、そんなに遠慮される必要はありません。世話してもらってもよいが、奥さんがいちばん応えるのは、「ああ、不自由だ」というあなたの嘆きだろうと思う。

その嘆きの方はおやめになって、世話してもらう時には心から感謝して、「有難う、有難う」と、あなたが喜んでおあげになったら、奥さんの励みにもなりますし、奥さんも喜んでお世話をされるという事になりますね。

だから「見えない」という事に心を集中させず、「これも出来る」「あれも出来る」と、出来る事を数えていく練習をしていかれるとよろしいね（拍手）。まだ息が出来る、まだ足が動く、まだ声が出る、耳が聞こえる……　いくらでもあるんですから、目がうすくなった事は残念かも知れませんが、本でも人に読んでもらうとかして構わないですよ。私も七十六歳（平成八年のこと）になりますから、だいぶ目がうすくなってきて細かい字が見えないので、秘書に「これちょっと見てくれ」「読んでくれ」と言う事もあるが、それはまあ迷惑を掛けるといえば迷惑を掛けるんだけども、それでもこうしてテキストは自分で読める。だから誠に有難いと思って感謝しております。ところが活字の小さいのがありまして、辞書などは非常に見にくいのがあるね。そんなのは天眼鏡みたいなものがあるので、拡大して読んだりするが、それもややこしい時は秘書さんに読んでもらったりして、助けてもらったりする。そうやって、やっぱり助けたり助けてもらったりするのが人生で、それをあまり窮屈に考えて、何もかも今まで通りにやらなければならないとなると、それはちょっと無理ですね。

肉体というものの成り行きから言うと、歳をとって来ると昔のように走る事も困難になるし、木登りも子供の方が上手というような訳でしょう。しかし感謝の材料を見つける練習をなさると、それはいくらでもありますよ、良い音楽が聞けるとかね。西洋音楽を聞けるし、三味線音楽も聞けるじゃないですか。それから風景でも、陽の当たるいいところは眺められるでしょう？　そしてぼんやりしてるのもソフトレンズで見ているんだと思ったら（笑）、ソフト・フォーカスの良さもありますよ。この頃家内が墨絵を習い出して、墨絵というのはぼんやりと描くんですね。そうした美しさが、沢山まだまだいくらでも無限に隠れていますから、それを一つ一つ発見するようにして、明るい生活を送って行って下さい（拍手）。奥さんや子供さん、ご祖先に感謝してお暮らしになることですね。

●愛行に熱心なのに、八十歳近くになって、なぜ痴呆症になるのか

K（女）　私の知り合いで、派手やかに愛行してる人がいます。その反対に、雅春先生の「夜露の如く地道に愛行しなさい」という言葉を信じて地道に愛行する人もいますが、八十歳近くになって、痴呆症という姿になっているのですが、どうしてそうなっていくのでしょうか？

清超　「そうなる」とは、「痴呆症になるか？」という事ですか？

K　いま入院してますが、地道に一所懸命で真理を勉強されて「縦の真理」に素晴らしい方でしたが、倒れられて皆さんがだいぶ失望して、愛行が足りないんじゃないか……と。私は愛行というのはその人の個性があって、浅い真理でも派手やかに愛行が出来る人と、深くて地道に目立たない位置で、広くみんなに信頼されてやられる人があると思います。倒れた時の姿において、どこがどういうふうになってるのかと、疑問に思っています。

清超　そうですね。人にはそれぞれ個性がありますから、表現力の巧みであられる方と、そ

うでもなくて実行力の方に優れているという方もいらっしゃるから、自分の個性を伸ばして運動されると、夫々の立場で信仰を深めていかれます。そうして多くの方々にみ教えを伝えられるのがよろしいね。両方の方がそれぞれ素晴らしいと思いますよ。ただ同じ痴呆症になられたといっても、内容が色々違うのです。それはその人の内面的なもので、症状は同じ様でも、その方の日々の暮らし方、あるいは有難いという思い、そういうものが皆違うんですね。だから形が同じようでも内容が違います。

例えばお墓へ入るのでも、同じような墓へ入ったし広さも同じようだ、場所も同じようだ、といったって、その墓へ入った人の心境というのはそれぞれ違うでしょ。谷口家のお墓は多磨霊園にもあり、その近くには同じくらいの広さのお墓があるが、そこはお参りに来る人が少なく、花もあまり替えていないようなお墓もある。もうちょっと離れたところに無縁仏の墓があって、そこは家《うち》の敷地よりももっと大きくて立派なものが建っているが、無縁仏の墓です。だから同じような状態にそこへ納まっていても、内容が皆それぞれ違う。自覚の程度とか、その人の魂の在り方が個性的なんですね。個性というのは、外見に全てが現れるとは限らない。同じ制服を着た学生でも、外から見たら同じ制服を着ているが、皆それぞれ個性が違い、心境が違い、そして人生をどう考えているかという事が違うようなものです。だから同じ痴呆症の人といってもいろいろあるんですね。痴呆症というのは、老人病の場合は、老衰の一種なんです。それが記憶の辺に強く現れた場合に、老人の痴呆症みたいな状態が起こって来るんですね。歳をとっていかれて、全身的に老衰して足腰が立たず、頭の方はしっかりしてらっしゃる方もある。そこにその人の今生の、此の世での行の現れと、前世からのいろいろの行の積み重ねが出て来て、そして最後は美しく素晴らしく見事に死なれる方もあり、それからそういう状態で身体の各部に異常を起こして亡くなる方といろいろある。だから亡くなられる姿で、「この人は悟りが足りない」とか言う方がおかしいのです。

それは悟りが足りないという点から言ったら誰でも皆足りないのです。足りないから又生まれて来るんですよ。そして又生まれて来て又悟りを深め、深めてもまだ足りないから又生まれてくる。地上に生まれて足りないから地上でないところにも出て来る。そういう訳で、人を外見的なもので判断する事はおやめになった方がよろしゅうございますね。

●友人のお寺の家では若い人から亡くなってゆくが

S（女）　主人の友人のお寺様の家では、若い方から亡くなられます。

清超　若い方というのは？

S　主人の友人の娘さんとお孫さんです。お二人は難病と頭の病気で亡くなりまして、今は奥様ともう一人のお孫さんだけになってしまいました。主人の友人も半年前に癌で亡くなりました。その奥様に、今後どういう気持ちでお付き合いしたらいいでしょうか。

清超　それはあなたのご主人のお友達ですから、まだ生長の家をご存知ないのですね。

S　はい。お寺様ですので、申し上げた事はありますが……

清超　お寺様とどういうふうに付き合うかという事ですか？

S　はい。

清超　それはお寺さんの奥さんですから、人間が生き通しであるとか、そういう事を相当にご存知でしょうから、生長の家のご本を差し上げて読んでもらったり、時にはおはぎを持って行って慰めたりね。いろいろの付き合い方がございますから、生長の家の普通の誌友さんとお付き合いするような気持ちで、機会があれば講習会とか講演会のご案内を申し上げたり、いろいろされたらよろしゅうございますね。お寺さんで、同時に生長の家の地方講師になられた安田良忍《りょうにん》さんという方がおられましたが、もうずっと前に亡くなられたけれども、お寺さんで生長の家の方というのは随分いらっしゃいますよ。反対される方もまた沢山おられますけれども、あまりお寺さんという点にこだわる必要はありません。

S はい。ありがとうございました。

●宗教法人法改正を生長の家はどのように考えるのか

H（男） 宗教法人法改正で、○○党は賛成していますが、他の党派ではいろいろとご意見があるようです。生長の家としてはどの様に考えているのでしょうか。

清超 そうですね、宗教法人法というのは、例えばオウム真理教なんかが問題を起こしたのがきっかけで、盛んに論じられて、改正が進められていますが、凡ゆる法律は、原則的にいうと、完全無欠ではないんですね、憲法を含めてです。どこかに不完全なところがある。それは法律に制定するためには、与党と野党が協議したり論じたりして、その中間的なところに、妥協点を見い出したりするという事がありますからね。あるいは、人間が考え出した条文には不完全なところはいくらでもあるものです。そういう意味では、不完全なところがあれば、改正したらよろしいという原則論が成り立つわけですね。だから憲法でもそうで、今の憲法が完全無欠なんて考えている人はごく一部の人々だけで、占領中のマッカーサー司令部が原案を作ったんですから、不完全に決まっている。

そういう意味で、宗教法人法も不完全なところはいっぱいありました。一つの県で県知事が承認した宗教法人が、又別のところへ作る。それでもそれで済まされるというところは、やっぱり欠点の中の大きな欠点でしょうね。だから生長の家には昔から欠点のところを補ってきて、自発的に文部大臣の承認を受け、且つ同時に各教化部がみな県知事に届け出て、そしてそこで夫々が宗教法人になっているんですよ。だから生長の家には宗教法人が沢山ある。各教化部がそうなっているからね。総本山は本部と一体ですから、文部大臣の管轄の承認によるところの宗教法人になっている。そのように生長の家は条文にあろうがなかろうが、これがよいと思う事はやって来ているわけですね。だから条文の方が後から補うならそれも結構ですから、ある意味では賛成しておりますね。

そのほか管轄権とか質問権と称していますが、それも全ての事に質問するんじゃないんです。教義の事までには手を触れないのですが、それが財政的な問題、税法的な問題に対しては、「これはどうなっているんですか?」という質問をする権利を与えよう、というふうに改正をしようという事が二番目の問題として出ているね。そんなのは吾々はやっているので、税務署にちゃんと届けるものは届けています。何をどうしているのかさっぱり分からないというところはありません。そういう点に於いては殆ど何も問題ないですね。だから、「原則的にいうと賛成ですか? 反対ですか?」という質問に対しては、「賛成です」と。それ以上の内容に立ち入って、もっと信仰の自由を束縛しようとする法案が出れば、それは「反対です」と言わざるを得ない事になりますね。

20　明るく人生の大道を歩く

●通り魔に遭った友人に何をしてあげられるか

N（男）　僕の先輩でこの練成にも参加している女性ですが、通り魔にナイフを突き付けられて服を切られたんです。僕にとっては尊敬する女性ですので、その人の為に何かをしてあげたいと思うんですが、何をしてあげればいいでしょうか。それと、日本に限らず世界中で、痴漢や強姦という事件の件数が年々多くなっています。これがもし本当に原因と結果の法則によって起こっているものだとしたら、被害者の女性は勿論、われわれ男性にしても、どういった事に気を付ければよろしいのでしょうか。

清超　そうですね。これはやっぱり、人的でありますけれども災害の一種でして、そういう災害が起こるのは、その人だけの心の原因・結果の法則という訳ではなくて、国民全体がそっちの方向へ進んでいるという事が大きな原因になっていますね。平成九年にも鹿児島県出水市の土砂災害がありましたね。

あれなんかも、土砂の中に埋もれて亡くなられた方々だけの心の法則による因果関係というよりは、恐らく日本全体の心の傾向を、そこに象徴的に現しているような事件なんですね。日本では今、非常に造宅地建設が進んでおりまして、樹木をむやみやたらに伐採するような傾向が、今までずっと続いて来た。ところが上流の地帯で樹木を伐採しますと、樹木というのは、ことに広葉樹という葉っぱの広い樹木は、非常に水分を吸収して地中に溜めておく貯水効果がありまして、それをジワジワっと放出してくれるから、あんなもの凄い激流のような土砂崩れにならないんですが、上の方で伐採しますと、その地域の土砂が急に流れてきて、それが下流で災害を起こすという事がよく起こるんですね。その事件もこういうふうに書いてありました。これは『産経新聞』の七月十二日に載った記事ですが、

『大規模な土石流の起きた鹿児島県出水市境町の山腹崩壊現場から約百㍍上流の針原川沿いなどの民有地で、広葉樹が比較的広い範囲で、根こそぎ取られていたことが十一日までに分かった。民有地はダム上流の山腹崩壊現場を含む約四十六㌶で、大手製紙会社が所有、管理している。住民らはこれら樹木の取り出しが、土地の保水力を低下させたと主張するが、同社は「伐採と山腹崩壊は直接関係はない」と関係を否定している。』

一応会社としてはそう否定するのでしょうね。

『同製紙会社によると、育成する天然広葉樹のうち、出水市内の造園業者に樹齢約五十年弱のクスノキを約二百本売却した。この業者はこれを受け平成元年から平成二年にかけ、ゴルフ場へ植栽する目的で、針原川から約百㍍上流の両岸の山すそ幅七、八十㍍にわたって点在するクスノキを、根を付けたまま掘り出し、搬出を繰り返した。また、昨年秋に倒木防止のため、周辺地域のヒノキ林を宮崎の業者に伐採させたともいう。』

つまりヒノキの林までも伐採しているわけですね。そういう傾向が鹿児島県やそのへんばかりじゃなくて、全国的に広がっている。そういう事が水害として現れる時は、一部に現れて来ますからね。

それは癌が起こる時でも、例えば直腸癌になる人の直腸が悪い事をしたんじゃないんですね。その人が全体として不摂生な食事をしたか、あるいは偏った食事をしたか、繊維質を摂らないで肉食類を偏って摂ったとか、普通にやっていればそれが原因という訳でもないとしても、いつも頑固な心を持っていたとかね。いろいろとその理由があるんですけど、そういう癌の発生の理由は、その人全体がやった事なんです。食事を選ぶのでも、直腸が選んだ事じゃない。直腸を通って行くその場所にたまたま発生して来た。だから直腸の責任という訳じゃない。

そういう種類の災害というものがあるので、通り魔みたいな事が起こってくるのは、やっぱり全体的にそういう犯罪を、マスコミやらマンガやらホラービデオやら恐ろしいものでどんどん普及させると、そういう事が言葉の力で起こりやすくなって来る。そこへ意志の弱い男が、魅力のある女性を見つけると、そうした事をやるというような事もありましてね。魅力があるばかりじゃなくて、油断して暗い所を用心もせずに歩いたとかね。被害の起こりやすい地域を不用意に歩くという事は、これからそういう社会情勢になっていくと、注意しなければならないですね。日本ではまだそこらあたりは割合安全地帯と考えられているが、アメリカなんかだと、暗い所を夜は歩きませんね。昼だって歩かないくらいですから。昼間に大学からバスで、その近くのバス停まで行くのだって、一人では行かない、女子学生なんかは。そういう大学はいくらでもある。そういうふうに、〝注意の足らなかった原因〟というような事もある。

あるいは個人的に人を裁くような性質があれば、それが今まで少しずつたまってきて、そしてそれが原因となって出てくる結果もある。それは人によっていろいろだから一概には言えない。それでそういう時には、本人としては「これで私の過去の一切の悪しき業は消えたのである」と、これからはその加害者を含めて全ての人に感謝する。そしてもっと明るい心で善い事をする。「真理を伝えて行こう」とか、「善い事をどんどんやって行きましょう」という気持ちになって行く。あるいは援助してあげようというあなたのような人は、神想観をする時も、その方がこれからも幸せであり、また加害者の方も反省して必ず善い道を歩んでくれるというふうに、被害者とともに恨むとか憎むとかいう気持ちじゃなくて、「みな神の子・人間である。その実相は現れてくるのである」というふうな気持ちで祈ってあげるとよろしいね。激励してあげるのもよろしいですね。

それから人生におけるあらゆる出来事は全て教訓ですから、そういう害を受けた場合でも、バッサリと肉まで切られる人もいるが、ちょっと洋服だけ切られる人もいるしね。このくらいの事で済んで、「私は大いにこれからの明るい人生を、たくましく歩んで行きます」とか、「あらゆる人に深切をして行きます」というふうに、明るい面を捉えていく事が必要ですね。だから本当は加害者になるより被害者の方が…… これはちょっと変な言い方かもしれないが、傷害事件で一番不幸なのは加害者の方なんですよ。被害者は、一番大きな被害を受けて死んだ場合でも、殺されたからといっても、その人の悪しき業がさらに増えたという事でもないんですよ。殺されたという事だけではね。人間はみんな死ぬんですから。むしろ殺したという人は、それだけの悪業が大きな借財のように積み重なった訳ですから、そっちの方の人が気の毒といえば気の毒なんです。不幸の種をまいて「不幸を予約した」ようなものですからね。だから被害者の方は「これから明るく人生の大道を歩いて行きましょう」というような気持ちで、明るい未来を描くとよろしいですね。

●母が末期癌の転移で苦しむ

Q（女）　東京から帰って来て、たまたま先生の講演があることを知って今日うかがいました。実は母が癌に冒されていまして……

清超　どこの癌ですか？

Q　二年ほど前に肺を患って腫瘍を取りましたが、半年ほど前に脳への転移が見られたので、それも取りました。さらに新しい脳の一部に転移が見られ、現在腰の骨髄にも転移して、本人も非常に痛がってますので、もうこれ以上の治療は可哀相だと思いまして、体力もなくなってきていますし……

清超　どこに入院していらっしゃいますか？

Q　今は自宅で療養しております。

清超　手術なんかされたのは、どこでやられたの？

Q　山梨医科大学で受けたんですが、とても良い先生に恵まれまして、「あまり無理をなさらない程度に」と言って下さっています。骨髄への転移が分かってまだ一週間ほどしか経っていませんが、とても本人が痛がりますので、痛み止めを処方して下さるホスピスの病院から痛み止めを頂きまして……

清超　そのホスピスはどこにあるんですか？

Q　三鷹の方にあります。そちらで特別に処方して頂いて、モルヒネを頂いて来ました。飲んだその日は精神的にも気分的にもよかったらしくて、とても元気になって二日間くらいはよかったんですが、本人は薬を飲みたくないらしくて、飲んだり飲まなかったりなんです。目がよく見えないので、清超先生の御本や『生命の實相』を私が読んであげると言ってはいますが……　耳もあまりよくないのでお話も聞きたくないというので、今日も誘ったんですが……

清超　今何歳になられるんですか？

Q　六十一になります。腰が痛くて座っていられないので、皆さんの前で横になるのはちょっと辛くて今日は参りませんでした。母に少しでも生命の実相を理解してもらいたいと思っていますが、どのようにしたら母の苦痛を和らげてあげられるのでしょうか。

清超　癌でそういうふうに転移していかれた場合、病院によっては、何とかして一日でも命を長らえようと思って、無理な治療をなさる場合もあるが、山梨の医科大学病院は割合良い治療をされていますね。末期に自宅へ帰されるという事もね。帰さない病院まであるんです。それが帰してくれて、そして痛み止めのホスピス病院を紹介されたのかどうか知りませんが、それも良い事ですよ。良い事というのは、そういう末期の患者さんになった場合にはということです。何遍も言うけれども、人間は地上に生まれると一回は死ぬんですね、この肉体は。ただちょっと六十一歳だとまだ早いようですけれども。早いにしても、真理を知って亡くなられるのと知らないで亡くなられるのとでは大変な違いがありますよ、これから先の生まれ変わりの人生にね。お母さんはだいぶ前から生長の家を知っておられたんでしょうか？

Q　父が亡くなる半年ほど前に、母の親友の方から教えて頂きました。母は知っていますが、父がとても熱心にやっていたものですから、母はあまり熱心ではないのです。

清超　そうですか。しかしご生前に、今も生きていらっしゃるんだが、真理を知られたという事は非常に素晴らしい事で、そして末期になって、医学的にもいろんな所に転移して、脳や骨髄に転移するという事になると、普通はもうあまりもたないんですね。それで、非常に熱心に生長の家をやる事の出来る段階を越えていますね。それはどういう訳かというと、痛み止めの注射はたいていモルヒネ系の注射ですが、だいたい十ミリグラムを打って二日くらい効果があるんです。そしてまた打つ。段々量が増えたりする結果になっていくんですが、それはホスピスの療法としては良いんですよ。癌は最後に痛む場合と痛まない場合があるが、痛む場合はそうして痛みをとってあげるという事が、看護されるあなたやご家族の方の、最後のおつとめみたいな状態になりますね。だからご本人の楽なようにしてあげる。そして出来たら『甘露の法雨』を読んであげるとか、あるいは講話のテープを聞かせてあげるとか、耳が遠くなれば、聞こえなくても小さな音でよろしいから聞かせてあげる。そういうような事で、楽な気持で、完全円満な神の世界があるんだと信じ、如何なる現象が起こっても、それは実相世界に何の差し障りもなく、影響を与えるものではないという事を、周囲の方がこれを機会によくよく自覚し、また本人にも出来るだけお伝えすればよろしいね。

こういう段階になりますと、練成道場へ連れて来られるというのはもう無理でしょうから、楽な往生をさせてあげるという事を心掛けていかれればよろしい訳ですよ。それと周囲の方々の生長の家の信仰への取り組み方を、病気が治るからやるというんじゃない、「病気がナイ」というこの実相を讃嘆するのが本当の生長の家であるという自覚を、さらに深めていかれる機会として、大調和の心でやっていかれるとよろしいね。

Q　ありがとうございました。

清超　ホスピスというのは日本ではまだ少ないんだけれども、そういうところへ最後に関係付けられたという事は良い方向ですよ。お医者さんに掛かるにしても、中にはとんでもないお医者さんがおられますから、そういう所へ掛かったら、非常にみじめな状態で、病院に缶詰めにされる場合もありますからね。そうでないという事は、やはり信仰を持たれたご主人様と奥様の関係だからだろうと思いますね。

● 線香は何本あげたらよいか

O（女）　お線香を何本あげるのか、誰に聞いても分からないんです。

清超　それは何本でもいいんです（笑）。線香といっても、太さや長さがいろいろありまして、線香をあげるというその心が素晴らしいんであります。線香にはよい匂いが入っておりまして、その匂いが漂いますと、それが霊界と現実界との間の媒介というか、心の通過を良くするんですね。ちょうどラジオやテレビの電波が、好条件の時には遠くまで伝わるとかね。光がない夜になるとよく伝わるという事があるでしょう？　ああいう条件の一つになるんですね。焼香も同じ意味があります。何回焼香したらいいか？　そんな事は決まっていないのに、決めてある宗教もあるんでしょう。それはその宗派で決めただけの話で、そうでなきゃならんとお釈迦様が教えた訳でも何でもない。だから何本でもいいんで、自由です。しかし何も立てないよりは立てた方がよろしゅうございます。ご供養するという気持ちが一番大切ですから、読誦する経文をよく正しく理解してやられるといいですね。そういう事の方へ重点を置いて、線香の本数は問題にしなくて結構です。（ただし、室内が煙りすぎるなどの理由で、会場では焼香の回数や本数を制限することはあります）

解決できない問題はない
人生問答集3〈完〉

索引（質問事項項目別一覧）

【病気】

索引（回答事項別索引）

【病気】

【夫婦】

【家庭】

【教義】

解決《かいけつ》できない問題《もんだい》はない
人生問答集《じんせいもんどうしゅう》3

平成十二年七月二五日　初版発行

著　者　谷口清超（たにぐち せいちょう）

発行者　岸　重人
発行所　株式会社　日本教文社
東京都港区赤坂九—六—四四　〒一〇七—八六七四
電話　〇三（三四〇一）九一一一（代表）
〇三（三四〇一）九一一四（編集）
FAX　〇三（三四〇一）二六五六（編集）
〇三（三四〇一）九一三九（販売）
頒布所　財団法人　世界聖典普及協会
東京都港区赤坂九—六—三三　〒一〇七—八六九一
振替　〇〇一一〇—七—一二〇五四九

組版　レディバード
印刷所
製本所　光明社

落丁・乱丁本はお取り替えします。
定価はカバーに表示してあります。

ISBN4－531－05213－7　**Printed in Japan**

本書の本文用紙は、地球環境に優しい「無塩素漂白パルプ」を使用しています。